La microfinance dans la région du Moyen-Orient et de l'Afrique du Nord (MENA)

Collection « L'esprit économique »

fondée par Sophie Boutillier et Dimitri Uzunidis en 1996
dirigée par Sophie Boutillier, Blandine Laperche, Dimitri Uzunidis

Si l'apparence des choses se confondait avec leur réalité, toute réflexion, toute Science, toute recherche serait superflue. La collection « L'esprit économique » soulève le débat, textes et images à l'appui, sur la face cachée économique des faits sociaux : rapports de pouvoir, de production et d'échange, innovations organisationnelles, technologiques et financières, espaces globaux et microéconomiques de valorisation et de profit, pensées critiques et novatrices sur le monde en mouvement...
Ces ouvrages s'adressent aux étudiants, aux enseignants, aux chercheurs en sciences économiques, politiques, sociales, juridiques et de gestion, ainsi qu'aux experts d'entreprise et d'administration des institutions.

La collection est divisée en six séries :

Dans la série *Economie et Innovation* sont publiés des ouvrages d'économie industrielle, financière et du travail et de sociologie économique qui mettent l'accent sur les transformations économiques et sociales suite à l'introduction de nouvelles techniques et méthodes de production. L'innovation se confond avec la nouveauté marchande et touche le cœur même des rapports sociaux et de leurs représentations institutionnelles.

La série *Economie formelle* a pour objectif de promouvoir l'analyse des faits économiques contemporains en s'appuyant sur les approches critiques de l'économie telle qu'elle est enseignée et normalisée mondialement. Elle comprend des livres qui s'interrogent sur les choix des acteurs économiques dans une perspective macroéconomique, historique et prospective.

Dans la série *Le Monde en Question* sont publiés des ouvrages d'économie politique traitant des problèmes internationaux. Les économies nationales, le développement, les espaces élargis, ainsi que l'étude des ressorts fondamentaux de l'économie mondiale sont les sujets de prédilection dans le choix des publications.

La série *Krisis* a été créée pour faciliter la lecture historique des problèmes économiques et sociaux d'aujourd'hui liés aux métamorphoses de l'organisation industrielle et du travail. Elle comprend la réédition d'ouvrages anciens, de compilations de textes autour des mêmes questions et des ouvrages d'histoire de la pensée et des faits économiques.

La série *Clichés* a été créée pour fixer les impressions du monde économique. Les ouvrages contiennent photos et texte pour faire ressortir les caractéristiques d'une situation donnée. Le premier thème directeur est : mémoire et actualité du travail et de l'industrie ; le second : histoire et impacts économiques et sociaux des innovations.

La série *Cours Principaux* comprend des ouvrages simples, fondamentaux et/ou spécialisés qui s'adressent aux étudiants en licence et en master en économie, sociologie, droit, et gestion. Son principe de base est l'application du vieil adage chinois : « le plus long voyage commence par le premier pas ».

Ines Ben Abdelkader

La microfinance dans la région du Moyen-Orient et de l'Afrique du Nord (MENA)

Aperçu global et enjeux actuels

L'Harmattan

5-7, rue de l'École-Polytechnique, 75005 Paris

http://www.editions-harmattan.fr

ISBN : 978-2-343-23981-1
EAN : 9782343239811

Liste des Abréviations, Sigles et Acronymes :

AF	Autosuffisance Financière
ALC	Amérique Latine et Caraïbes
AO	Autosuffisance Opérationnelle
CCG	Conseil de Coopération du Golfe
CGAP	Consultative Group to Assist the Poorest / Groupe Consultatif d'Assistance aux Plus Pauvres
COOPEC	coopératives d'épargne et de crédit
FAO	Food and Agriculture Organization of the United States/ Organisation Des Nations Unies Pour L'Alimentation et L'Agriculture
IDE	Investissement Direct Étranger
IDS	Indice de Dépendance aux Subventions
IFNB	Institution Financière Non Bancaire
IMF	Institution de Microfinance
KLD	Kinder, Lydenberg et Domini
MBB	Microbanking Bulletin
MCS	Compagne du Sommet du microcrédit/ Microcredit Summit Compaign
MENA	Moyen Orient et Afrique du Nord
MIX	Microfinance Information Exchange
VIM	Véhicules d'Investissement en Microfinance
MMW	Mix Microfinance World
ONG	Organisation Non Gouvernementale
ONU	Organisation des Nations Unies
PAR	Portefeuille à risque
PAT	Outil d'évaluation de la pauvreté/ Poverty Assesment tool
PF	Performance financière
PNB	Produit Net Bancaire
PNUD	Programme des Nations Unies pour le Développement
PPA	Parité du Pouvoir d'Achat
PPI	Indice de passage du seuil de pauvreté
PS	Performance sociale
RNB	Revenu National Brut
ROA	Rendement des Actifs/ Return on Assets
ROE	Rendement des Fonds Propres/ Return On Equity
RSE	Responsabilité sociale de l'entreprise
Sanabel	Le réseau de la microfinance des pays arabes

SPI	Indicateurs de performance sociale / Social Perfromance Indicators
SPTF	Le groupe de travail sur la performance sociale / Social Performance Task Force
UEMOA	Union Économique et Monétaire Ouest Africaine

Introduction Générale

La microfinance et plus particulièrement sa composante la plus populaire, le microcrédit, ont été largement investis par les acteurs de la mondialisation et s'imposent à l'heure actuelle comme des outils privilégiés de la lutte contre la pauvreté et l'exclusion.
C'est un phénomène assez récent. En effet, il y a plus de trente ans que la première institution de microfinance (IMF) a été créée. Il s'agit de la célèbre «Grameen Bank» (ou «la banque des villages» en bengali) fondée par le Professeur Yunus au Bangladesh. Cette initiative a séduit, depuis, un grand nombre d'organisations non gouvernementales et bailleurs de fonds qui ont tenu à sa réplication à travers le monde.
La microfinance consiste à offrir des services financiers de base (épargne, crédit, assurance, transfert de fonds, etc.) de faibles montants, à des personnes pauvres et exclues afin de leur donner la possibilité d'investir dans des activités génératrices de revenus. Les pauvres et surtout les femmes sont la cible privilégiée des programmes de microfinance dans de nombreux pays du Sud et du Nord. Il existe une grande variété d'organisations impliquées dans ce secteur, faisant appel à des statuts juridiques différents (fondations, coopératives d'épargne et de crédit, banques publiques…) et dont les modes de fonctionnement et les objectifs diffèrent fortement. Ces institutions ont en commun la poursuite d'un « double objectif » d'optimisation du rendement social et de pérennité financière.
Depuis les premières expériences conduites par le professeur Yunus, la microfinance a connu un développement rapide et a suscité de grands espoirs en tant que voie nouvelle, voire originale en matière de lutte contre la pauvreté et l'exclusion. Elle a été aussi promue comme étant un outil efficace dans la promotion du rôle des femmes dans la vie économique. Le rôle de la microfinance s'est amplifié depuis 1989, quand la Banque mondiale lui a consacré un rapport annuel. Des institutions spécialisées ont été ainsi instaurées, telles que le Groupe Consultatif d'Assistance aux plus Pauvres (CGAP) en 1995. En

1997, le sommet mondial sur le microcrédit a consacré la microfinance comme une approche fonctionnelle du financement du développement. Dans le même contexte, en 1998, l'assemblée générale des Nations Unies avait proclamé l'année 2005 "Année internationale du microcrédit" pour marquer l'importance de cet instrument dans la réduction de la pauvreté. Le microcrédit et, de façon générale, la microfinance ont connu dès lors une diffusion rapide et une reconnaissance à l'échelle internationale avec l'attribution en 2006 du Prix Nobel de la Paix à la Grameen Bank et à son fondateur le professeur Yunus.
Toutefois, au-delà de l'intérêt, de la diversité et de l'ampleur connus par ce «mouvement», la microfinance est également au cœur d'enjeux idéologiques et politiques importants. Malgré l'essor qu'a connu la microfinance, elle a soulevé plusieurs interrogations quant à la population réellement ciblée et à son impact sur le bien-être des clients pauvres. À cet égard, une des questions les plus controversées de la microfinance a porté sur l'ampleur de l'arbitrage entre la rentabilité et l'atteinte des clients les plus pauvres. Ces deux objectifs forment la pierre angulaire de l'industrie de la microfinance. Il est primordial de savoir s'ils sont en conflit.
En raison de la double vocation sociale et financière dont se réclame le secteur, de nombreuses institutions de microfinance sont tenues, d'une part, d'assurer leur viabilité financière en cherchant de nouveaux moyens de financement afin de servir un plus grand nombre de pauvres et, d'autre part, de ne pas se détourner d'une clientèle parmi les plus pauvres en appliquant les lois du marché.
La dualité des objectifs a fait naître deux courants de pensée qui ont marqué l'histoire de la microfinance à savoir : l'approche « institutionnaliste » et l'approche « welfariste ». Les partisans de la première approche visent à garantir un meilleur accès aux services financiers pour les personnes pauvres et exclues sur des bases solides et pérennes. La priorité de cette approche est d'atteindre le plus grand nombre de pauvres à travers la mise en place d'un système d'intermédiation financière viable.
Plutôt que de se soucier du nombre des clients atteints et donc de l'étendue des programmes, les « welfariste » se concentrent

davantage sur le fort engagement des programmes de microfinance vis-à-vis des pauvres. Ils s'intéressent à la profondeur du programme (cibler les plus pauvres parmi les pauvres) et l'impact de la microfinance sur le bien-être des populations. Les deux approches s'accordent ainsi sur l'objectif général de la microfinance, à savoir la réduction de la pauvreté à travers la provision des services financiers, mais ils diffèrent sensiblement sur la meilleure façon de l'atteindre. Toutefois avec le temps, les deux approches ont pris progressivement conscience de leurs limites et de la nécessité d'intégrer pour l'une la dimension solidaire et pour l'autre la dimension marchande.
La microfinance se trouve à présent à la croisée des chemins entre une vision « welfariste » et « institutionnaliste ». Notre objectif serait de réaffirmer le dessein premier des institutions de microfinance, à savoir servir les pauvres d'une manière financièrement viable. Nous allons donc nous interroger sur la convergence entre la portée sociale et la viabilité financière des institutions de microfinance. Nous essayons ainsi de savoir si la microfinance peut tenir sa "*promesse*" d'être un instrument économiquement viable pour contribuer au développement (Morduch, 1999a).
Nous visons à apporter certains éléments de réponse au débat en cours sur la possibilité des IMF à servir les plus pauvres tout en étant financièrement viables. L'objectif du présent livre est d'évaluer la littérature existante portant sur la relation entre la performance sociale et la performance financière des IMF en mettant un accent particulier sur l'appréciation de la viabilité et la portée sociale de ces institutions. Ceci constitue un défi considérable compte tenu des problèmes et des controverses entourant cette relation.
Notons à ce niveau que le débat entre la performance sociale et la performance financière n'est pas spécifique à la microfinance. Ce débat est antérieur même à l'émergence de celle-ci. La particularité du débat dans le contexte de la microfinance provient du fait que les IMF ont affiché depuis le début leur double vocation sociale et financière alors que les autres institutions poursuivaient l'un ou l'autre.

Parmi les raisons avancées pour expliquer l'incertitude de la relation entre la performance financière et la performance sociale, nous trouvons une difficulté à mesurer cette dernière. Contrairement à la performance financière, qui est facilement mesurable du fait de la standardisation des résultats comptables et financiers, la performance sociale, étant un concept multidimensionnel, sa mesure est à la fois plus large et plus complexe. Dans les travaux antérieurs, la performance sociale a été généralement mesurée par la portée sociale du programme. Les indicateurs couramment utilisés présentent l'inconvénient d'offrir une idée assez vague de la portée sociale qui ne constitue qu'une seule dimension de la performance sociale (Bédécarrats et al. ; 2009 ; Armendariz et Szafarz, 2009 et Dunford, 2002). Ces indicateurs ne tiennent donc pas compte du caractère multidimensionnel de la performance sociale. Ils s'intéressent seulement aux opérations de crédit, ignorant ainsi les autres aspects de la microfinance.
La majorité des travaux se sont focalisés principalement sur les régions de l'Amérique latine, l'Afrique de l'Ouest et l'Asie alors que les études traitant du cas de la microfinance dans la région MENA sont très limitées. L'étude de notre question prend une dimension particulière dans cette région. Une importante proportion de la population de certains pays appartenant à cette région est vulnérable aux moindres chocs externes. Les personnes de la région MENA ne sont pas classées parmi les plus pauvres selon le seuil international de pauvreté fixé à 1,25 dollars par parité de pouvoir d'achat. Elles se situent toutefois à peine au-dessus de ce seuil. Ceci les rend très vulnérables puisque destinés, à tout moment, à devenir pauvres. La région MENA se caractérise par un pourcentage élevé des jeunes et un taux de chômage parmi les plus élevés au monde. Quant à l'accès aux services financiers, la région a enregistré le pourcentage le plus faible d'adultes possédant un compte formel avec un écart considérable entre les sexes. Face à ces défis, la microfinance s'est présentée comme un outil de lutte contre la pauvreté et le chômage. Elle vise également à encourager l'entrepreneuriat à travers la fourniture de services financiers et non financiers durables. En raison du contexte

local, parvenir à un équilibre entre la performance sociale et financière constitue un véritable défi pour les IMF arabes.
Notre contribution va s'articuler en trois chapitres :
Dans le premier chapitre, nous allons nous intéresser, à l'historique de la microfinance. Nous allons explorer les théories sous-jacentes à l'émergence de ce phénomène. Nous retenons deux modèles théoriques. Un premier modèle basé sur le marché et ses imperfections pour lequel la microfinance est perçue comme un nouvel acteur financier qui est venu combler les lacunes du marché. Le courant de l'économie sociale et solidaire voit dans la microfinance un moyen d'améliorer la vie de ses membres (réduction de la pauvreté et développement durable). À chaque modèle correspond une façon d'expliquer l'émergence et le fonctionnement des institutions de microfinance. Le débat entre les deux n'est pas encore tranché. Notons que notre but n'est pas de prendre position par rapport aux deux modèles, mais plutôt d'explorer les principes du débat afin de comprendre les enjeux actuels de la microfinance. À l'instar de Djefal (2004), Cornée (2007), Bédécarrats (2010), nous pensons que le modèle d'explication de l'émergence de la microfinance est un modèle composite entre la théorie marché et le courant social et solidaire. Ainsi, pour concilier ces deux approches, nous allons montrer que la microfinance est plutôt un mode de financement hybride répondant à la fois à une logique de marché et à un élan de solidarité.
Dans une deuxième section, nous allons donner un aperçu global du secteur de la microfinance. En effet, avant de discuter les enjeux actuels du secteur, il nous serait indispensable de le présenter. Nous allons délimiter le champ de la microfinance et présenter ses différents acteurs. Nous exposerons les différents services offerts par les institutions de microfinance et les principales innovations qui ont été apportées. Enfin, nous traiterons des bénéficiaires de ces institutions et présenterons les principales caractéristiques spécifiques au secteur de la microfinance.
La troisième section va mettre en exergue le secteur de la microfinance dans la région MENA qui a réalisé une évolution notable ces dernières années. Nous allons essayer dans cette partie de faire le point sur l'état des lieux de la microfinance

dans la région MENA. Pour ce faire, nous analyserons, dans un premier temps, la situation économique, sociale et politique dans la région. Nous présenterons ensuite les principales caractéristiques du secteur de la microfinance dans la région, son stade de développement ainsi que les perspectives futures de son évolution.
Dans le troisième chapitre, nous mettrons l'accent sur la caractéristique essentielle des institutions de microfinance à savoir le « double objectif de résultat » : Après avoir présenté l'approche « institutionnaliste » et l'approche « welfariste », nous exposerons leurs arguments tout en montrant leurs divergences. Nous proposerons, par la suite, une synthèse de la littérature qui éclairera le débat.

Chapitre I : La microfinance : Un aperçu global

Le développement de la microfinance et des systèmes financiers décentralisés[1] en général a conduit à une réorganisation de l'architecture financière dans la majorité des pays. Les institutions de microfinance (IMF) occupent désormais une place importante dans le schéma financier des pays du Sud et du Nord.

Dans la première section de ce chapitre, nous allons nous intéresser à l'historique de la microfinance. Nous synthétiserons les différents apports relatifs à son émergence, depuis son apparition à la fin des années 70 jusqu'à ses premiers succès. Nous allons nous interroger sur les fondements et les missions des organisations de microfinance. Deux modèles théoriques ont été proposés à cet effet : le courant basé sur la théorie de marché et celui de l'économie sociale et solidaire. Pour le premier courant, la microfinance est perçue comme un nouvel acteur financier qui est venu combler les lacunes du marché. Le deuxième courant la voit comme un moyen d'améliorer la vie de ses membres à travers la réduction de la pauvreté et l'aide au développement. Pour concilier ces deux approches, nous allons montrer que la microfinance est plutôt un mode de financement hybride répondant à la fois à une logique de marché et résultant d'un mécanisme de solidarité.

Dans la deuxième section, nous essayerons d'offrir une description générale du secteur. Ainsi seront traités les différents acteurs présents dans le secteur, les méthodologies d'octroi de crédits, les différents types d'IMF, les bénéficiaires et les caractéristiques typiques à la microfinance. Nous tenterons donc de donner un aperçu global du secteur. En effet, avant de discuter des enjeux actuels de ce secteur, il nous est indispensable de le présenter.

Dans la troisième section, nous examinerons de plus près le secteur de la microfinance dans la région du Moyen-Orient et

---

[1]Le terme de « systèmes financiers décentralisés » a été aussi utilisé pour désigner ce type d'activité, dans les années 1980 et au début des années 1990, essentiellement par les francophones. Le terme de microfinance reste toutefois le plus utilisé.

l'Afrique du Nord (MENA). Nous ferons le point sur l'état des lieux de la microfinance dans cette région. Nous présenterons les principales caractéristiques du secteur, son stade de développement et les perspectives de son évolution.

1. Émergence de la microfinance :

1.1 Théorie des marchés :

Plusieurs auteurs pensent que la microfinance a émergé pour pallier les défaillances du secteur bancaire dans le financement des personnes pauvres : Hugon (1996) ; Morduch (2000) ; Coquart (2000) ; Labie et Mees (2005) ; Montalieu (2002) et Armendáriz et Morduch (2007). Hugon (1996) souligne que les systèmes financiers informels et les intermédiaires décentralisés ont joué, dès lors, le rôle de substitut ou de complément des systèmes financiers formels. Labie et Mees (2005) affirment que le concept de la microfinance est né des initiatives des organisations non gouvernementales (ONG). Leur but était de combler le vide laissé par les banques privées. Pour ces dernières, les personnes pauvres représentent un marché peu captivant et coûteux.
Armendariz et Morduch (2007) expliquent l'existence de la microfinance par la défaillance du marché dans le financement des ménages pauvres. Cette défaillance résulte de l'insuffisance de l'information, des coûts élevés des transactions et des difficultés dans l'exécution des contrats. La microfinance s'est présentée ainsi comme une réponse à ces problèmes. Elle a permis de réduire les coûts de transaction et de surmonter les problèmes liés à l'asymétrie d'information. Pour ces auteurs, les banques publiques de développement n'ont pas réussi à être rentables, et à long terme, viables surtout dans les zones enclavées et démunies. Selon eux, l'échec de ces banques s'explique par la mauvaise gestion des ressources et la restriction des taux d'intérêt. La microfinance se présente, dès lors, comme un substitut aux programmes de développement, en évitant les erreurs du passé.
Servet (2006) souligne que la microfinance est par excellence un outil de lutte contre l'exclusion financière, revendiquant

ainsi bon nombre de promoteurs qui affirment que leur action relève de la lutte contre la pauvreté.
Dans ce qui suit, nous présentons les défaillances des systèmes financiers formels en matière de financement des tranches des populations pauvres et défavorisées.

1.1.1 Marché de crédit et asymétrie d'information :

1.1.1.1 L'axiome du marché parfait :

Le modèle d'équilibre général Walrasien suppose que l'information des agents est parfaite ou encore qu'elle est à un coût nul. Elle peut également être acquise et sans frais par tous les agents. Dans le contexte d'information parfaite, les agents sont supposés connaitre chacun de ses propres besoins, ressources et possibilités, mais ils ignorent les besoins, ressources et possibilités des autres. Dans ce cas, c'est le système des prix qui sera porteur de toute information nécessaire aux agents pour garantir une allocation efficace des ressources (voir René, 1986).
L'axiome d'un marché parfait pour le crédit est souvent non vérifié en raison de l'existence d'asymétrie d'information. En effet, le marché financier et plus particulièrement le marché de crédit, où les transactions intertemporelles font intervenir risque et incertitude, est caractérisé par l'existence d'une grande asymétrie d'information.
Pour Eber (1993), il existe une asymétrie d'information, lorsque sur un marché donné, l'information détenue n'est pas identique pour tous les agents. L'inégalité d'accès à l'information peut conduire au risque « d'aléa moral » et « d'anti-sélection » (ou sélection adverse). La sélection adverse est une situation d'asymétrie où le marché est perturbé par le fait qu'une partie connaît mieux les caractéristiques du bien échangé au moment de la signature du contrat (notamment l'emprunteur) alors que l'aléa moral est une situation dans laquelle l'une des parties (le prêteur) ne peut contrôler l'action de l'autre partie (emprunteur) ou bien n'a pas les moyens d'en évaluer l'opportunité (voir Eber, 1993).

Stieglitz et Weiss (1981) croient qu'en présence d'asymétrie d'information sous ses deux formes, l'équilibre de marché est un équilibre avec rationnement. Les auteurs avancent que le taux d'intérêt (prix) affecte le risque de prêt de deux manières : (1) en éliminant certains emprunteurs potentiels (effet de sélection adverse) et (2) en affectant le comportement des emprunteurs (effet d'incitation ou aléa moral). Les deux effets découlent directement de l'imperfection de l'information qui caractérise le marché du crédit. Par conséquent, si le prix affecte la nature de la transaction, il ne peut pas équilibrer le marché. Ils concluent qu'en présence de sélection adverse et de hasard moral, une banque peut recourir à un rationnement quantitatif du crédit.

Pour ces auteurs, le rationnement du crédit se matérialise par une limitation du volume pour un taux d'intérêt déterminé. Ils définissent deux cas de rationnement :

- Le premier cas lorsqu'il existe un groupe identifiable d'individus qui, pour une offre de crédit donnée, sont incapables d'obtenir un prêt. Ces individus auraient pu accéder au crédit si l'offre était plus importante.
- Le deuxième cas concerne la discrimination à l'intérieur d'un groupe d'emprunteurs. C'est le cas lorsqu'entre les demandeurs de crédit à priori identiques, certains emprunteurs se feront accorder un prêt alors que d'autres seront rejetés même s'ils acceptent de payer un taux d'intérêt plus élevé. Le taux d'intérêt qu'un individu est prêt à payer agit dans ce cas comme un moyen de discrimination entre les « bons » et les « mauvais » emprunteurs, dans la mesure où seuls les emprunteurs à haut risque accepteront de payer des taux aussi élevés.

Notons à ce niveau que le problème d'asymétrie d'information est plus important sur les marchés de crédit des pays en développement en raison de la non-disponibilité de l'information dans ces pays.

Armendariz et Morduch (2007) expliquent le manque d'information dans ces pays par la pauvreté des emprunteurs et l'absence de garantie. Dans ces pays, il est très difficile de recueillir des informations sur les demandeurs de crédit. Les registres comptables, s'ils existent, ne peuvent pas donner une information fiable sur la qualité et surtout la solvabilité de l'emprunteur puisque dans ces pays, une partie importante des opérations ne sont pas déclarées (font partie du secteur informel). De plus, le recueil de telles informations requiert certains coûts qui sont généralement importants comparés aux faibles montants demandés. Pour le risque d'aléa moral, la situation de pauvreté et de précarité dans laquelle se trouvent les demandeurs de crédit dans ces pays les rend incapables d'offrir les garanties traditionnelles exigées par les institutions financières.

Les micro-entreprises et les personnes pauvres ont été longtemps rejetées par les systèmes financiers formels. Elles étaient contraintes de se tourner vers des sources de financement alternatives, notamment le secteur informel qui n'est pas adapté à leurs besoins.

Cette théorie n'explique pas toutefois les formes très répandues d'actions de type coopératif, en l'occurrence les coopératives d'épargne et de crédit et la pratique de crédit solidaire. Dans ce cas, les théories de l'économie sociale et solidaire donnent une explication plus satisfaisante de l'émergence de ces formes en économie de marché (voir Soulama, 2005).

1.2 **L'économie solidaire et sociale :**

L'économie sociale se définit comme l'ensemble des entreprises dites d'économie sociale à l'exemple des coopératives, associations, mutuelles et fondations. Ces entreprises se distinguent par leur caractère collectif. Elles constituent une réunion des personnes et non des capitaux. Elles ne cherchent pas en priorité la rentabilité. Colette et Pigé (2008) soulignent que l'économie sociale est une économie au service de l'Homme. Elle le place au centre du développement économique.

L'économie solidaire, quant à elle, est apparue dans les années 1980 dans un contexte marqué par la crise économique et l'aggravation du chômage. Colette et Pigé (2008) la présentent comme étant un mélange de trois économies à savoir : l'économie marchande, non marchande et non monétaire. Il s'agit d'un concept assez proche de l'économie sociale, mais

qui se définit par ses finalités et non par ses composantes. L'économie solidaire cherche principalement à assurer l'insertion, consolider le lien social et produire autrement. Cette économie est basée, comme l'économie sociale, sur la réciprocité, le travail collectif et l'engagement volontaire. Elle repose sur les principes de justice et d'égalité. Elle réunit un ensemble diversifié de pratiques économiques telles que l'insertion via l'activité économique, l'épargne solidaire, un commerce équitable, le développement des structures en faveur du développement durable, etc.
Le processus de décision au sein des organisations d'économie solidaire et sociale est basé sur des principes et des procédures démocratiques. Ceci permet de garantir la participation des membres qui les constituent à la prise de décisions. Pris sous cet angle, ces organisations représentent des acteurs importants pour ne pas dire clés de la société civile puisqu'ils ne sont ni sous l'emprise de l'État, ni soumises à la loi du marché.
Soulama (2005) affirme que l'économie sociale et solidaire constitue la référence théorique la plus appropriée pour expliquer l'émergence de la microfinance. Il soutient que la microfinance, sous la forme mutualiste ou de coopératives d'épargne et de crédit, s'est développée à la même période et dans le même cadre conceptuel du mouvement coopératif né dans les années 1980. Il met en garde contre les risques de couper la microfinance du contexte socio-économique qui l'a vue naître. Il affirme qu'un tel comportement peut favoriser l'implantation de la microfinance dans des milieux souvent moins propices ce qui peut accroître les risques d'échecs.
Dans la même lignée, Servet (2006) renvoie le développement de systèmes financiers au profit des « non-bancables » à la seconde moitié du XIXe siècle, en Occident, avec l'apparition des réseaux mutualistes d'épargne et de crédit par Frédéric-Guillaume Raiffeisen, Hermann Schulze ou encore Luigi Luzzatti. Ces expériences ont inspiré fortement Alphonse Desjardins, fondateur des Caisses populaires au Québec en 1900.

1.3 La microfinance: un secteur hybride :

La microfinance s'est inspirée de sources diverses : des défaillances du marché de crédit, des fondements historiques du mutualisme, de la Grameen bank, des expériences des caisses Desjardins, etc. Guérin (2001) pense qu'il est impossible, et même dangereux de la présenter sous une seule approche. Afin de concilier les deux approches, nous allons montrer, dans cette dernière section, que la microfinance est plutôt un mode de financement hybride répondant à la fois à une logique de marché et résultant d'un mécanisme de solidarité.
La microfinance constitue une véritable innovation financière qui a changé la vie de millions de pauvres. Ceci dit, le professeur Yunus, père du microcrédit, et sa célèbre « Grameen Bank » ont obtenu le prix Nobel de la paix et non pas celui de l'économie. Le comité Nobel jugeait que la réduction de la pauvreté pourrait contribuer à instaurer la paix dans le monde, c'est pour cette raison que Yunus et sa banque de village ont été honorés en 2006. Lelart (2007), souligne que le prix Nobel de la paix associé au microcrédit admet une signification très particulière. Ce prix met en évidence la diversité des modes et des systèmes de financement entre les différents pays et surtout entre le Sud et le Nord. Il met l'accent aussi sur l'importance des comportements et donc des hommes, acteurs essentiels de la vie économique. L'auteur ajoute que ce prix rappelle que la science économique est tout d'abord une science sociale, donc une économie au service des hommes.
Bédécarrats (2010) affirme que la microfinance a été conçue comme un outil financier d'aide au développement qui n'a pas coupé avec le secteur marchand. Cette ambivalence a fait d'elle un secteur hybride. Il souligne que la microfinance constitue un outil financier conçu pour lutter contre la pauvreté.

1.3.1 « L'entreprise sociale » :

Yunus affirme que le concept « d'entreprise sociale » a pour origine le microcrédit. C'est une nouvelle forme d'entreprise qui se caractérise par sa double vocation sociale et financière. L'une ou l'autre des deux motivations ou objectifs conduit à un

type différent d'entreprise[2]. Pour Yunus, il s'agit d'une nouvelle forme d'activité commerciale qui a pour objectif principal de faire une différence dans le monde. Cette différence peut se faire à travers l'offre de biens et de services aux plus démunis et la proposition de nouvelles formes d'appuis telles que les services de santé, d'éducation, d'assainissement de l'environnement, etc.
Nous avons vu que l'économie sociale et solidaire remonte au XIXe siècle et puise ses racines de l'entrepreneuriat dit social dont l'objectif était de promouvoir différentes formes d'entreprises, notamment les coopératives et les mutuelles. L'entreprise sociale, promue par Yunus, s'inscrit dans ce même cadre. Cette nouvelle forme est basée sur le principe « ni perte ni dividende ». Elle fonctionne généralement selon deux formes entrepreneuriales : l'association et la coopération.
Après avoir exploré les théories sous-jacentes à l'émergence de ce phénomène, nous allons maintenant le présenter.

2. Secteur de la microfinance : Un aperçu global

Connaissez-vous ce mantra : « Donnez un poisson à un homme, il aura à manger pour une journée. Apprenez-lui à pêcher et il aura à manger pour toute sa vie » ? Il manque quelque chose : la microfinance est la canne à pêche, le bateau, le filet, etc. L'argent et la dignité, côte à côte... Peut-être que le mantra devrait être : «Donnez un poisson à un homme, il aura à manger pour une journée. Donnez un microcrédit à une femme et elle, son mari, ses enfants et sa famille au sens large auront à manger pour toute leur vie. »
Bono, The New York Times, 21 septembre 2005

Le terme « microcrédit » est apparu dans les années 1970 pour désigner la fourniture de prêts aux personnes pauvres leur permettant de créer des activités génératrices de revenus, tandis que le terme microfinance n'a été utilisé qu'à partir des années 1990 pour marquer ce qui a été désigné par la seconde révolution de crédit centrée plutôt sur le client que sur le produit

[2] Une entreprise à but lucratif ou entreprise à but non lucratif ou « altruiste »

(voir Elahi et Rahman, 2006). Toutefois, les deux termes (« microcrédit » et « microfinance ») ont tendance à être utilisés indifféremment pour désigner la gamme de services financiers offerts aux pauvres, aux ménages à faibles revenus et aux micro-entreprises.

Dans ce qui suit, nous allons tout d'abord définir la microfinance et délimiter son champ. Nous présentons par la suite ses différents acteurs. Après avoir exposé les différents services offerts par les institutions de microfinance, nous étalons les principales innovations qui ont été apportées. Enfin, nous traitons des caractéristiques spécifiques au secteur.

2.1 **Définition de la microfinance :**

Ndiyae (2009) et le CGAP (2005) présentent une définition assez large de la microfinance : c'est la fourniture de produits et services financiers, caractérisés par des opérations de petits montants, aux couches pauvres de la population par des prestataires de services financiers extrêmement divers. Nghiem (2004) souligne à cet effet que le terme *faible revenu* utilisé dans la définition de la microfinance est un concept relatif qui varie d'un pays à l'autre, voire entre les différentes régions d'un même pays. Le terme microfinance est composé de deux mots « micro » et « finance ». Le qualificatif « micro » se réfère aussi bien à la population ciblée, constituée principalement par de très petits entrepreneurs, qu'aux services financiers offerts, qui ont des montants limités.

Labie (1999) propose, quant à lui, une définition assez globale et claire de la microfinance. Cette définition présente la particularité de circonscrire le champ de la microfinance par les caractéristiques de ses bénéficiaires. Pour lui, elle consiste à octroyer des services financiers aux personnes développant des activités génératrices de revenus et qui sont exclues du système financier formel.

Shreiner (2001) présente la microfinance comme étant l'ensemble des efforts déployés pour améliorer l'accès des personnes pauvres au crédit et aux services d'épargne. Il la considère comme une stratégie clé de développement dont le

but est de réduire, voire éradiquer la pauvreté et promouvoir l'autonomisation économique.
Dans la même lignée, le CGAP (2004a) considère la microfinance comme un outil puissant de lutte contre la pauvreté qui cherche à aider les pauvres à augmenter leurs revenus, construire leurs actifs et se prémunir des chocs externes. La microfinance est ici définie encore une fois par rapport à ses bénéficiaires plutôt que par rapport aux formes de financement.
Pour Bédécarrats (2010), le terme « microfinance » renvoie non seulement à l'offre (la provision) des services financiers aux personnes pauvres et exclues, mais désigne également le secteur d'activité constitué par l'ensemble des IMF proposant ces services.
Pour Flores et Serres (2009), la microfinance ne se limite pas à l'offre des services financiers usuels comme les prêts, l'épargne, l'assurance, les services de transfert. Les IMF peuvent développer également des services non financiers tels que la formation professionnelle, l'assistance technique, l'éducation agricole ou sanitaire, etc. Il s'agit de services d'accompagnement qui viennent en complément des services financiers classiques dont le but est d'améliorer plus efficacement les conditions de vie de leurs clientèles.
Il existe une grande variété d'organisations impliquées dans ce secteur, faisant appel à des statuts juridiques différents (fondations, coopératives d'épargne et de crédit, banques publiques …) et dont les modes de fonctionnement et les objectifs diffèrent fortement (voir De Briey, 2005).

2.2 Prémices et évolution de la microfinance :

La microfinance sous sa forme moderne est apparue en Asie dans les années 70 avec la création de la « Grameen Bank » par le professeur Mohamed Yunus. Ce dernier est considéré comme étant le père fondateur du microcrédit. L'institution qu'il a créée avait pour objectif de répondre aux besoins de ses concitoyens bengalais qui étaient exclus de l'accès aux services financiers des banques traditionnelles parce qu'ils étaient trop pauvres.

Abraham et Raufflet (2009) soutiennent toutefois que l'idée de lutter contre la pauvreté et l'usure et de promouvoir des systèmes financiers en faveur des populations pauvres et exclues remonte au moyen-âge. À cette époque, l'Église catholique qui prohibait le prêt avec intérêt a été à l'origine de la création du premier Mont-de-piété en Italie, un lointain ancêtre de la microfinance. Il s'agit d'un système de prêt sur gage dont le but était de lutter contre les usuriers et leurs taux exorbitants. Le Mont-de-piété se limitait toutefois aux personnes capables d'offrir une garantie. Les auteurs affirment cependant que l'originalité du dispositif mis en place par le professeur Yunus reste d'offrir une combinaison inédite de principes déjà connus et l'établissement d'un modèle d'affaires innovant qui a contribué à l'apparition d'un nouveau secteur d'activité : la microfinance.

Servet (2006) reconnait trois phases principales au développement de la microfinance :

- Une première phase, allant de 1975 à 1985, relative à l'émergence de la microfinance dans sa forme moderne avec l'apparition des premières IMF dont notamment la « Grameen Bank » au Bangladesh. Pendant cette période, les IMF étaient essentiellement de petite taille. Malgré des taux de remboursement élevés, les IMF n'arrivaient généralement pas à couvrir leurs charges et peinaient à devenir autonomes.
- La deuxième phase couvre la période 1985-1995. Cette phase était caractérisée par le développement des institutions phares de la microfinance comme Bancosol en Bolivie et BRI en Indonésie. L'objectif majeur de ces dernières était d'atteindre l'autosuffisance financière. Les IMF ont commencé à atteindre une taille considérable en élargissant leur portée pour atteindre des millions de clients en Asie et des centaines de milliers dans le reste du monde.
- La période allant de 1995 à nos jours, a été caractérisée par l'extension de cette technique financière, par son intégration dans les programmes de développement économique et par la multiplication des modèles. Malgré l'essor qu'a connu la microfinance, une forte tension commençait à se sentir entre l'objectif social de lutte contre

la pauvreté et l'objectif financier de recherche de l'autonomie financière. C'est de cette problématique que nous allons discuter plus particulièrement. Plusieurs interrogations ont été posées concernant la capacité de la microfinance à tenir ses promesses d'être un outil viable pour le développement et son efficience dans le contexte spécifique dans lequel elle intervient.

2.3 Les acteurs de la microfinance :

Nous dressons dans cette section un état des lieux du secteur de la microfinance en termes d'institutions, de bénéficiaires, de sources de financement ainsi que des principaux services offerts.

Boyé et al. (2006) recensent cinq acteurs principaux de la microfinance à savoir :

- **L'État** qui est responsable du cadre légal et fiscal des institutions de microfinance.
- **Les services d'appui aux IMF** qui occupent un rôle important dans le démarrage et la structuration du secteur de la microfinance. On trouve également les agences de notation dans cette catégorie d'acteur.
- **Les financeurs des IMF :** cette catégorie regroupe les bailleurs de fonds publics ou privés, les banques commerciales et les organisations spécialisées de financement. Le rôle de ces derniers est d'assurer le financement de ces institutions.
- **Les institutions de microfinance**
- **Les clients**

Dans ce qui suit, nous présentons les institutions de microfinance, leurs caractéristiques et les différentes formes qu'elles peuvent revêtir. Ensuite, nous identifions les différents bénéficiaires des IMF. Par la suite, nous exposons les différents services qui sont offerts par les institutions de microfinance et montrons qu'ils forment une réponse adaptée aux différents besoins exprimés par les personnes pauvres et exclues du secteur financier formel.

2.3.1 Institution de microfinance (IMF):

2.3.1.1 Définition :

L'IMF, telle que définie par Boyé et al. (2006), est une organisation qui fournit des services financiers aux personnes pauvres et à faible revenu. Cette définition assez générale englobe un large éventail d'institutions qui varient en termes de statut légal, de mission et de méthodes d'opération. Toutefois, elles partagent un objectif commun qui consiste à servir des clients qui sont pauvres et plus vulnérables que les clients traditionnels des banques.

Labie (1996), emploie plutôt le terme de « systèmes financiers décentralisés ». D'après cet auteur, une IMF est une institution d'appui financier légale et formalisée. Elle peut prendre la forme d'une institution financière à part entière. Son objectif consiste à octroyer des crédits aux micro-entreprises exclues du secteur financier formel moyennant des techniques inspirées de la finance informelle. L'auteur situe ainsi les systèmes financiers décentralisés à mi-chemin entre la finance formelle et informelle[3].

Boyé et al. (2006) assimilent la structure d'une IMF à celle d'une entreprise traditionnelle dans son fonctionnement. Ils soulignent toutefois que l'IMF se caractérise des autres entreprises par la dualité de ses objectifs[4]. Nghiem (2004) note à cet effet qu'une IMF doit veiller à atteindre à la fois des objectifs sociaux qui consistent à contribuer au développement et à la lutte contre la pauvreté et des objectifs financiers de rentabilité et de pérennité. Selon l'auteur, pour réussir, une IMF doit poursuivre conjointement les deux objectifs.

Certaines IMF ont un effectif modeste, d'autres atteignent des tailles significatives ; plusieurs dizaines d'employés, parfois même plusieurs centaines. Dans certains cas, l'effectif approche ou dépasse le millier d'employés. Il existe plusieurs

---

[3] La finance informelle est définie par Adams(1994) comme étant l'ensemble des transactions financières qui ne sont pas réglementées par une autorité monétaire centrale ou par un marché financier.

[4] « Double objectif de résultat » ou « *double bottom line* » si on se réfère au terme anglais

structurations possibles d'IMF, mais la forme la plus répandue est celle adoptée par les banques. Dans ce cas, une IMF possède un bureau principal, appelé aussi siège, où sont basées la direction et les agences. Ces dernières sont implantées à proximité des clients. Au sein des agences, nous trouvons les agents de crédit[5]. Ces agents, en contact direct avec la clientèle, sont chargés de l'octroi de prêt, de son remboursement, de la gestion de l'épargne et des autres services offerts par l'institution. Ils constituent le premier contact sur le terrain et le lien principal entre le client et l'institution. Bien que leur rôle soit comparable à ceux de leurs homologues bancaires, la pratique de leur métier est différente en raison de la spécificité de la microfinance (voir Boyé et al, 2006). Les agents de crédit sont plus mobiles et sont plus à l'écoute des besoins spécifiques de leur clientèle.

Les agents de crédit peuvent avoir un niveau d'instruction relativement faible (niveau primaire) ou attester d'un niveau d'instruction plus élevé (Bac + 2 par exemple). Boyé et al. (2006) avancent trois raisons qui peuvent justifier le premier choix :

- Les contraintes de l'environnement : dans les zones rurales, il est souvent difficile de trouver des personnes avec un niveau d'éducation plus élevé.
- Un niveau d'instruction faible peut s'avérer suffisant dans la mesure où l'IMF va assurer aux personnes recrutées une formation initiale.
- Un fort attachement à l'organisation : les employés seront reconnaissants à l'organisation qui leur a offert un emploi en dépit de leur faible niveau d'instruction. Ils seront aussi moins exigeants en termes de rémunération.

Dans le deuxième cas, un niveau d'instruction plus élevé est exigé par les IMF comme forme de garantie de la compétence de ses employés. Dans ce cas, la formation initiale sera nettement plus courte pour les nouveaux recrutés. Ces agents ont plus de chance d'évoluer dans leur carrière et d'occuper des postes de responsabilité, une fois que leur compétence est démontrée.

---

[5] Cette appellation peut différer toutefois d'un contexte à l'autre

Les agents de crédit ont généralement la même origine géographique et sociale que les clients de l'IMF. D'une part, ceci permet de pallier les problèmes de langues locales que peut rencontrer une IMF. D'autre part, étant intégré dans le tissu social local, ceci facilite la communication avec les clients et permet une meilleure compréhension de leurs activités. La communication avec les autorités locales sera également plus aisée. Toutefois, certaines IMF évitent de recruter des agents de crédit issus de la même région que les clients pour se prémunir contre la collusion des intérêts.
Morduch (2000) note que l'originalité des IMF réside également dans leurs stratégies d'intervention. Elles offrent des « réponses personnalisées » aux besoins pressants longtemps exprimés, mais qui sont restés insatisfaits des agents économiques vivant en marge des systèmes financiers formels. Ces réponses personnalisées sont venues suite à une meilleure connaissance de la clientèle pauvre, actuelle et potentielle.

2.3.1.2 Le statut juridique d'IMF :

Pour exercer l'activité de microfinance, une institution doit se doter d'un statut juridique particulier. En d'autres termes, elle doit se doter d'une personnalité morale afin de pouvoir exercer son activité dans un cadre légal. Le statut juridique tel que défini par Boyé et al. (2006) est la forme légale d'une institution choisie et conformément enregistrée auprès des autorités compétentes.
Les auteurs soulignent que le choix d'un statut juridique particulier n'est pas seulement une simple formalité légale, mais plutôt un choix structurant dans la mesure où il va orienter l'ensemble des règles de fonctionnement de l'IMF. À l'intérieur de l'institution, ce choix va définir la répartition des pouvoirs ainsi que les règles de prise de décision. Par rapport à la législation locale, ce choix va fixer les activités auxquelles l'IMF sera autorisée (collecte d'épargne ou non), l'autorité de tutelle (banque centrale ou ministère de la Finance), les règles prudentielles à respecter, etc. Ils ajoutent que ce choix dépend largement du cadre légal du pays dans lequel se trouve l'IMF. Dans certains pays, il existe un cadre légal qui est spécifique à

la microfinance alors que dans d'autres pays, ce n'est pas encore le cas. Pour le deuxième cas, l'IMF n'a qu'à adopter un statut juridique standard parmi les statuts existants.
Le Microfinance Information Exchange (MIX), définit six catégories d'IMF suivant leur forme juridique à savoir : les banques, les organisations non gouvernementales (à but non lucratif), les institutions financières non bancaires, les coopératives d'épargne et de crédit, les banques agricoles, et les « autres ». Cette dernière catégorie comprend les IMF dont la forme juridique ne peut pas être classée dans les cinq premières catégories.

2.3.1.3 Réglementation de la microfinance :

Boyé et al. (2006) soulignent que la microfinance s'est développée tout d'abord à l'initiative d'institutions informelles, notamment des ONG, en dehors de toute réglementation. Poussés par les IMF elles-mêmes et les bailleurs de fonds, plusieurs États ont ressenti la nécessité de réglementer le secteur. Deux approches de réglementations sont souvent appliquées : la réglementation par statut juridique et la réglementation spécifique à la microfinance.
Dans le premier cas, les IMF sont définies par leur statut juridique et non par le type de services qu'elles offrent. Les auteurs soulignent que cette première approche ne tient pas compte de la particularité des IMF. Celles qui choisissent d'opérer en sociétés à capitaux privés se trouvent alourdies par des conditions d'activités très contraignantes et sont par défaut soumises aux lois bancaires. L'avantage d'adopter un tel statut réside dans la facilité d'accéder aux ressources financières. Les formes associatives et de mutuelles présentent quant à elles un mode plus adapté aux IMF (Boyé et al., 2006). Elles requièrent un capital minimum réduit et sont soumises à une supervision plus allégée.
Le CGAP (2001), classe les IMF réglementées en trois catégories : les ONG réglementées (les ONG qui se sont transformées), les IMF dotées d'un agrément spécial, les banques et les autres institutions financières traditionnelles réglementées.

2.3.1.4 Couverture géographique des IMF : Zones rurales/Zones urbaines :

On désigne par couverture géographique, la zone d'implantation des IMF. Montalieu (2002) affirme que les programmes de crédit décentralisés se sont implantés tout d'abord dans les zones rurales, en même temps que les banques de développement agricole. L'objectif était de mettre en place des structures, généralement étatiques, pour remédier à la défaillance du secteur bancaire dans le financement des ruraux pauvres. En raison des programmes d'ajustement structurels et des mouvements croissants de migration internes (des zones rurales vers les villes), le phénomène de pauvreté est devenu endémique en zones urbaines aussi. Dès lors, les IMF se sont développées pour couvrir l'ensemble des zones.

Montalieu (2002) signale que les IMF pionnières se sont implantées dans les zones rurales à l'exemple de la Grameen Bank, les Banques villageoises FINCA en Amérique latine, Bandan Kredit DESA (BKD) en Indonésie, etc. D'autres IMF, par contre, à l'image de la BancoSol en Bolivie et ENDA en Tunisie se sont développées plutôt dans les zones urbaines.

Boyé et al. (2006) pensent, qu'en dépit du grand succès accompli par certaines IMF implantées en milieu rural, la majorité des institutions se sont focalisées sur le marché de micro-entrepreneurs urbains. Les auteurs jugent que les IMF tendent généralement à répliquer les méthodologies et modèles dominants dans une région au point de se focaliser sur un segment étroit de marché. Ils donnent l'exemple de l'Amérique latine, où le marché rural reste faiblement couvert alors que la concurrence se trouve parfois soutenue sur les zones urbaines. Plus particulièrement entre les IMF desservant les micro-entrepreneurs urbains. Pour Donnadieu (2008), l'implantation dans les zones rurales se traduit par une forte dispersion géographique des agences ou guichets en raison de la faible densité des populations disséminées dans ces zones. Cette dispersion peut engendrer des difficultés à faire circuler l'information interne (entre les guichets et le siège) et constitue donc un facteur de risque de crédit.

Bédécarrats et Reynaldo (2009) identifient sept contraintes auxquelles sont souvent confrontées les institutions pour accéder aux zones rurales :

- La faible densité et la dispersion de la population qui rend difficile la rentabilisation des services (voir Boyé et al., 2006)
- L'insuffisance de l'infrastructure,
- L'exposition aux risques covariants,
- L'existence des risques communs à tous les clients (notamment le risque climatique)
- La faible rentabilité des activités productives,
- Le manque des ressources humaines qualifiées,
- Le manque, voire l'absence de garanties. Les personnes pauvres sont généralement incapables d'offrir des garanties matérielles permettant de couvrir le montant du prêt en cas de non-remboursement, etc.

2.3.1.5 Typologie des institutions de microfinance :

Selon Lelart (2005), l'institution de microfinance ne répond à aucun modèle, il existe une telle variété d'institutions au point qu'il est impossible de les répertorier. Le classement des IMF dans certaines catégories peut, en effet, être ambigu en raison de la diversité des approches.

Djefal (2005) reconnait que la typologie largement utilisée divise les institutions de microfinance en trois types d'organisations à savoir :

- les mutuelles d'épargne et de crédit.
- les caisses villageoises : il s'agit des systèmes de microfinance les plus connus.
- les organisations de crédit direct qui ne collectent pas l'épargne et dont l'objectif consiste principalement à octroyer des crédits à la population.

Chaque type admet une technique spécifique, des populations bien ciblées et un impact précis. Djefal (2005) souligne toutefois que cette typologie est minimaliste, en ce sens, elle ne prend pas en compte certains types d'organisations. Il existe des organisations qui ne pratiquent pas la microfinance de façon professionnelle. Cependant, en raison de l'incidence que peut avoir leur activité sur ceux qui la pratiquent, elles ne peuvent pas être exclues de son champ. Pour pallier à cette typologie, Djefal (2005) a ajouté deux nouveaux types :

- « Les facilitateurs » : Djefal (2005) définit « les facilitateurs » comme étant des structures non compétentes dans le financement de proximité, mais qui souhaitent en faciliter l'accès aux populations pauvres et exclues des circuits financiers.
- Les structures de « subvention ».

Elle souligne qu'il ne faut pas considérer seulement ceux qui assurent la prestation des services aux pauvres, mais aussi ceux qui les appuient. Ce qui nous fait en tout cinq types. Chaque groupe ou type contient des organisations qui revêtent des formes diverses.

Nghiem et al. (2006) et le CGAP (2006) distinguent, quant à eux, trois types de prestataires de services financiers: des offreurs informels, semi-formels et formels.

Le premier type d'offreurs inclut les prêteurs privés, les proches et les associations d'épargne et de crédit. Le secteur informel était la seule source pour les ménages pauvres et plus particulièrement les habitants des zones rurales. Le rôle de ce secteur a baissé, en raison du développement et de l'expansion du secteur semi-formel et formel. Le secteur informel continue toutefois à jouer un rôle dans le développement des zones enclavées. Nghiem et al. (2006) avancent que l'avantage principal des offreurs informels réside dans la simplicité des procédures d'octroi de crédit.

Les offreurs semi-formels sont des institutions autorisées à offrir des services financiers, mais qui ne peuvent pas mobiliser l'épargne des non-membres. Dans cette catégorie, on trouve les organisations financières non bancaires, les organisations non gouvernementales, etc.

Les institutions financières formelles comprennent les banques publiques et privées. L'émergence de la microfinance revient dans une grande part à l'incapacité de telles institutions à desservir les pauvres. Le CGAP (2006) soutient cependant que ces institutions peuvent jouer un rôle important dans la mise en place des systèmes financiers accessibles à tous. Les banques possèdent des réseaux élargis de guichets, une gamme de services diversifiés et des ressources suffisantes. Le CGAP (2006) juge que ces institutions, surtout celles poursuivant des objectifs sociaux, peuvent profiter de ces atouts pour atteindre un grand nombre de personnes parmi les plus pauvres.

a) Les Organisations non gouvernementales ou ONG :
Les organisations non gouvernementales étaient pionnières de l'activité de microfinance. Elles ont pallié l'incapacité des banques à servir la clientèle pauvre longtemps délaissée. Les ONG ont succédé à ce que l'on nommait précédemment les associations transnationales qui jouaient un rôle très important dans la défense des droits humains, la justice internationale, l'environnement, la paix, les droits des femmes, etc.

Le terme « organisation non gouvernementale » est apparu pour la première fois dans l'article 71 de la Charte des Nations Unies, adoptée en 1945 à la conférence de San Francisco[6]. Le Département de l'Information des Nations Unies définit une ONG comme étant : « un regroupement de citoyens dans un but altruiste».

Les ONG ont largement contribué à la lutte contre la pauvreté à travers la mise en œuvre de projets de développement auprès des populations des pays du Sud et avec leur soutien. Pour financer ces projets, ces organisations collectent les fonds privés, auprès de leurs donateurs (leurs membres bailleurs de fonds), ou des fonds publics. Ces fonds peuvent être exclusivement privés ou publics, mais le plus souvent fonds privés et subventions publiques se complètent (voir Rubio et Zieglé, 2006). Parmi les organisations internationales gouvernementales, on peut citer l'exemple des Nations Unies.

Certaines ONG se sont consacrées totalement ou presque à la microfinance alors que d'autres l'ont fait que partiellement. Une ONG peut être locale ou faire partie d'un réseau international. Notons à cet effet que les réseaux internationaux ont joué un rôle très important dans le développement de la microfinance à travers la création ou le soutien des ONG.

---

[6] Conférence de San Francisco : le 25 avril 1945, les représentants de 50 États se sont réunis à San Francisco pour la conférence des Nations Unies sur l'Organisation internationale. Ces représentants ont élaboré les 111 articles de la charte qui fut adoptée à l'unanimité le 25 juin 1945 et signée le lendemain.

Le CGAP (2006) affirme que plusieurs ONG ont peiné à assurer leur croissance. D'abord, n'étant pas autorisées à collecter l'épargne à l'instar des banques et des autres institutions réglementées, la gamme des services qu'elles offraient était très limitée. De plus, une grande partie des ONG ont été créées grâce à des subventions. La majorité d'entre elles continue à dépendre de la bonne volonté des bailleurs de fonds surtout pour les cas des ONG de taille réduite.
Face à ces contraintes, plusieurs organisations à la recherche de la pérennité ont adopté une approche commerciale. Leur but était de s'affranchir de la dépendance des bailleurs de fonds en trouvant d'autres sources de financement, notamment les marchés de capitaux. La gamme des institutions est bien plus large et dépasse la simple catégorie d'ONG pour comprendre les banques, les institutions financières non bancaires(IFNB), les coopératives d'épargne et de crédit, les associations locales ainsi que d'autres formes moins répandues.

b) Les banques :

Les services de microfinance peuvent être offerts par divers types d'institutions officielles ou formelles, notamment les banques. Lelart (2007) note qu'à la différence des banques, les IMF[7] ne collectent pas des dépôts préalablement à leur activité de crédit et ne crée donc pas la monnaie.
Les IMF se distinguent aussi des banques classiques par leur double fonction d'intermédiation à la fois financière et sociale et un système financier décentralisé. Notons aussi qu'à l'encontre des banques, les IMF offrent des services de proximité comportant un minimum de formalités administratives et avec des règles et procédures faciles à comprendre.
Concernant la présence des banques sur le marché de la microfinance, certaines d'entre elles, sans être totalement indifférentes, ont été méfiantes et hésitantes à entrer. Plusieurs facteurs ont découragé leur entrée telle que :

- la spécificité des activités de la microfinance,
- les coûts élevés de sélection et de suivi de la clientèle

[7] Sauf celles qui adoptent le statut de banque

- les obstacles socio-économiques et culturels
- le manque de main d'œuvre spécialisée
- le manque de réseaux bancaires
- l'encadrement des taux d'intérêt sur le marché financier.

D'autres, par contre, ont enregistré leur entrée dans le secteur de la microfinance, en réalisant une partie ou parfois la totalité de leurs activités. Parmi ces banques, nous pouvons citer : Bancosol en Bolivie (100% de ses opérations), Centenary Bank en Ouganda (83% de ses opérations), etc.

Nsabimana (2004) évoque deux raisons principales qui ont motivé l'entrée des banques :

- la rentabilité des activités de microfinance
- les restructurations du secteur bancaire et l'intensification de la concurrence, suite aux politiques de libéralisation de ce dernier à partir des années quatre-vingt. Christen (2001) pense que la concurrence accrue entre les banques a poussé ces dernières à conquérir de nouveaux marchés. Certaines ont choisi de cibler directement une clientèle moins aisée en leur offrant une nouvelle gamme de services financiers adaptés à leurs besoins. D'autres, par contre, se sont contentées de nouer des partenariats avec des IMF établies. Pour l'auteur, les banques traditionnelles s'intéressent davantage au secteur de la microfinance parce qu'elles ont pris conscience que les pauvres peuvent être solvables.

c) Les institutions financières non bancaires (IFNB) :

Les institutions financières non bancaires sont des institutions formelles qui regroupent les établissements de prêt hypothécaire, les sociétés de crédit-bail, les compagnies d'assurance, les sociétés de crédit à la consommation et certains types particuliers d'IMF (voir CGAP, 2006). Le CGAP (2006) souligne qu'il est généralement plus facile, du point de vue juridique et réglementaire, d'obtenir le statut d'IFNB. La loi est toutefois restrictive quant aux types de services offerts par ces institutions. Parmi les IMF les plus connues qui opèrent sous le statut d'IFNB, nous trouvons : Compartamos au Mexique et Share en Inde. Les deux institutions opéraient sous le statut d'ONG à but non lucratif avant de se transformer en IFNB.

Toutefois, en raison des restrictions réglementaires, ni Compartamos, ni Share ne pouvaient collecter l'épargne.

d) Les coopératives financières : les mutuelles de crédit ou coopératives d'épargne et de crédit (COOPEC) :

Ce sont des organisations de type associatif basées sur le principe de la propriété des membres. Cette forme d'organisation est apparue pour la première fois en Europe, il y a 150 ans. Ce sont généralement des institutions à but non lucratif, contrôlées par les membres qui la constituent. Chaque membre possède une voix, quelle que soit sa participation. Le pouvoir décisionnel n'est donc pas fonction des parts détenues.

Les membres se partagent des caractéristiques communes, dont notamment : le lieu de résidence, le travail, la culture, etc. Tout comme les autres formes juridiques, les coopératives financières offrent toute une gamme de produits financiers comme l'épargne, les crédits, les comptes chèques, le transfert d'argent, l'assurance, etc. (voir CGAP, 2006). La source principale des capitaux pour ces organisations est l'épargne collectée de ses propres membres.

Les profits réalisés par les coopératives sont distribués aux membres. La distribution de profit prend différentes formes. Elle peut prendre la forme habituelle de dividendes ou des formes moins habituelles comme : l'augmentation du taux de l'épargne, la diminution des taux pour les prêts, l'offre de nouveaux services ou encore l'amélioration des services existants.

Le CGAP (2006) souligne que les clients de ces organisations sont souvent plus pauvres que les clients des autres IMF spécialisées. Ceci revient à leur capacité d'atteindre les zones isolées inaccessibles aux banques. Aux Philippines, par exemple, ces coopératives de crédit ont joué un rôle important dans le développement des zones rurales en offrant des microcrédits.

2.3.1.6 Les Bénéficiaires de la microfinance :

Soulama (2005), Servet (2006) et Lélart (2007) soulignent que le choix de la population-cible constitue un critère distinctif significatif des IMF, surtout lorsqu'on situe l'action de ces dernières dans une perspective de lutte contre la pauvreté. La clientèle de la microfinance se compose essentiellement de deux catégories :

- Une première catégorie constituée par les particuliers qui demandent essentiellement des crédits de petits montants avec des délais très courts de remboursement.
- Une deuxième catégorie constituée par les entrepreneurs et les entreprises de petites et moyennes tailles voire les micro-entreprises qui cherchent à financer leurs activités. Pour cette catégorie de clientèle, la demande de financement concerne les besoins en fonds de roulement, d'équipement ou encore l'infrastructure (voir Nsabimana, 2004).

a) Les particuliers :

Les particuliers comportent les clients pauvres et à faible revenu qui n'ont pas accès aux services financiers. Selon le CGAP (2003), les bénéficiaires de la microfinance se situent généralement de part et d'autre du seuil de pauvreté le plus sévère de 1,25$ par jour. Les pauvres varient ainsi de la catégorie des « plus pauvres[8] » aux pauvres non vulnérables. Il ajoute toutefois que les « extrêmement pauvres » sont rarement atteints.

Boyé et al. (2006) soutiennent la même idée. Ils soulignent que la microfinance ne constitue pas un outil adapté pour servir les extrêmement pauvres ou indigents. La raison qu'ils avancent est l'absence, chez cette tranche de la population, d'un minimum de stabilité qui peut rendre le recours aux services financiers offerts par les IMF possible et pertinent. Hulme et Mosley (1996) partagent aussi ce point de vue. Ils affirment que le microcrédit n'est pas une panacée contre la pauvreté. Pour ces auteurs, les indigents ont besoin, par exemple, de dons, de programmes de soutiens, etc., et non des microcrédits. Les principes clés de la microfinance élaborés par le CGAP (2004a) soulignent explicitement que le microcrédit n'est pas toujours la solution appropriée. Les personnes vivant dans l'extrême

[8] Les extrêmement pauvres

pauvreté ou en situation de famine, ne peuvent pas rembourser un prêt puisqu'elles ne possèdent ni un revenu ni d'autres moyens pour le faire. Le CGAP (2004 a) soutient que d'autres solutions telles que le développement de l'infrastructure, les programmes d'emploi et de formation, les subventions, etc., peuvent constituer des solutions plus adaptées pour lutter contre la pauvreté dans ce cas.

Les personnes qui se trouvent au-dessus des indigents, à savoir les ménages « très pauvres », sont jugées par Boyé et al. (2006), comme étant incapables de faire fructifier un microcrédit. Ils relient cette incapacité au manque de moyens financiers, humains et techniques. Boyé et al. (2006) notent qu'il est généralement déconseillé de leur faire courir le risque d'endettement. Certains programmes qui mettent l'accent sur leur mission sociale tendent toutefois à leur proposer des crédits associés à des services complémentaires tels que les formations professionnelles, l'assistance technique, etc. L'offre de tels services nécessite cependant de recourir constamment aux subventions. Boyé et al. (2006) concluent que la priorité pour cette catégorie n'est pas le crédit, mais plutôt les services d'épargne. Ils recommandent de leur offrir des services d'épargne qui soient flexibles et adaptés à leurs besoins.

Les personnes non pauvres vulnérables sont celles qui se trouvent juste au-dessus ou au-dessous du seuil de pauvreté. Elles sont sensibles, voire vulnérables aux moindres chocs. Elles risquent à tout moment de retomber dans la pauvreté extrême. Pour cette catégorie, Boyé et al. (2006) pensent que le recours aux services financiers est possible. L'expérience a montré leur capacité à développer des activités économiques génératrices de revenus et à rembourser régulièrement leurs prêts. Les auteurs soutiennent même que le microcrédit trouve pour eux toute sa pertinence.

Dans cette dernière catégorie de bénéficiaires de la microfinance, les femmes sont d'une importance particulière. Elles représentent la clientèle privilégiée des institutions de microfinance. En effet, les femmes constituent le groupe le plus touché par l'exclusion financière dans de nombreux pays en développement. De plus, de nombreuses études ont montré que les femmes sont généralement plus susceptibles de rembourser

le microcrédit que les hommes et de les gérer afin d'investir les fonds reçus dans des initiatives plus rentables (voir Boyé et al., 2006).
Notons qu'il est très fréquent de confondre pauvreté et exclusion financière. Alors que la première se réfère à la faiblesse des ressources, l'exclusion se réfère plutôt à la privation d'accès à différents services bancaires et financiers. Lapenu et al. (2009) soulignent à cet effet que les personnes exclues de l'accès à des services financiers ne sont pas nécessairement des personnes pauvres.

b) Les femmes :

Notons, tout d'abord, que les premiers clients de la microfinance, dans sa forme moderne, étaient des femmes. Plus particulièrement des paysannes bengalaises à qui le professeur Yunus a décidé d'emprunter son propre argent avant de créer la célèbre « Grameen Bank ».
Guérin et al (2009) soutiennent que l'idée de services financiers destinés aux populations pauvres et marginalisées n'est pas nouvelle. Par contre, le ciblage privilégié des femmes constitue une innovation. Les auteurs affirment que les premières initiatives des crédits aux pauvres ne s'intéressaient guère aux femmes. Dans les mouvements coopératifs et mutualistes parus en Europe et en Amérique du Nord, la part des femmes atteignait à peine les 10%. Même chose pour les pays du Sud. Il existe toutefois quelques exceptions, à l'exemple des fonds communautaires irlandais dont le quart des clients était constitué de veuves et de célibataires.
Guérin et al. (2009) classent la microfinance dans les politiques dites du « genre », actuellement en vogue. Pour ces auteurs, la féminisation de la microfinance a joué un rôle important, et même crucial dans la standardisation et la médiatisation de son succès.
En 1997, lorsque la campagne du sommet du microcrédit a été mise en place pour promouvoir la microfinance, attirer les bailleurs de fonds et diffuser les « bonnes pratiques », les femmes et les pauvres étaient la cible prioritaire de ces organisations. Quand la Grameen Bank et son fondateur le professeur Yunus ont obtenu le Prix Nobel, le principal

argument, largement souligné par le jury, était l'objectif d'autonomisation des femmes.
Les arguments souvent évoqués pour justifier l'intérêt de la microfinance à garantir l'accès aux services financiers aux femmes sont :

- **Le phénomène de féminisation de la pauvreté :** Pour ce premier argument, les femmes sont les plus défavorisées et ont donc la priorité d'être aidées. Les femmes sont considérées comme étant les plus pauvres des pauvres et surtout les plus vulnérables. Dans le rapport du PNUD de 1995 sur le développement humain, parmi les 1,3 milliard de personnes vivantes avec moins de 1 dollar par jour, 70% étaient des femmes. De plus, les statistiques de la banque mondiale montrent que les femmes sont les plus frappées par le chômage dans la majorité des pays. Elles constituent également les personnes les moins payées dans le secteur formel et les moins organisées dans la majorité des économies. Ainsi, étant plus désavantagées que les hommes, les femmes étaient la cible prioritaire des IMF ou, du moins, c'est ce qui a été souvent avancé pour justifier cet engouement pour la clientèle féminine.
- **Rôle des femmes dans la croissance économique et le développement :** Les femmes consacrent la part la plus importante de leurs revenus aux dépenses familiales, comme la nourriture, l'eau, le bien-être des enfants et l'éducation. Elles jouent donc un rôle primordial dans la croissance et le développement économique, chose qui a été prouvée par la plupart des économies asiatiques à croissance rapide. En aidant les femmes à améliorer leurs revenus, c'est le bien-être de toute la famille qui sera améliorée. Certains résultats ont toutefois montré que les femmes ont peu ou pas de contrôle sur l'emprunt qui leur a été accordé. C'est souvent le mari ou le membre masculin de la famille qui prend toutes les décisions.
- **Les femmes sont plus fiables :** Dans ce cas, le ciblage prioritaire des femmes est stratégique pour la santé financière des IMF.
- **Promotion de l'égalité entre les sexes.** En ciblant les femmes, les IMF contribuent à renforcer leur pouvoir

d'action et les aident à devenir autonomes (émancipation des femmes). La microfinance est mise en avant par la FAO[9] (2007) en tant qu'outil puissant d'autonomisation des femmes et d'amélioration de leurs conditions de vie.

Montalieu (2002) note que les femmes ne sont pas toutefois toujours la cible prioritaire des IMF. La proportion de clientèle féminine varie d'une organisation à l'autre. En effet, bien qu'il existe des différences importantes entre les IMF, il n'est pas aussi certain que la clientèle des IMF soit majoritairement constituée par des femmes. Le pourcentage des femmes est significatif pour plusieurs institutions telles que la célèbre Grameen Bank du Bangladesh avec 95% de clientèle féminine, Bancosol en Bolivie, avec 74%, ainsi que de nombreuses IMF situées en Afrique de l'Est et en Australie. Par contre, pour d'autres institutions, ce pourcentage est plutôt faible (inférieur à 10% pour les banques régionales indiennes). Dans la région de l'Union économique et monétaire ouest-africaine (UEMOA) par exemple, la clientèle est constituée majoritairement, non pas par des femmes, mais par des hommes, avec 60% de clientèle masculine. Montalieu (2002) constate que toutes les institutions n'adoptent pas systématiquement la même démarche.

c) Les micro-entreprises :

Ces dernières années, la microfinance semble se focaliser plus sur les groupes de travailleurs non salariés et les personnes responsables de petites entreprises qui sont incapables d'obtenir un crédit bancaire.

Ce sont des entreprises généralement de type familial appartenant au secteur informel qui constitue un élément important dans l'économie des pays en développement. Par exemple en Afrique, ce secteur compte 90% de la population active. Les micro-entreprises ainsi que les petites et moyennes entreprises sont souvent exclues des banques classiques. Cette situation a été qualifiée par Servet (2006) de « creux bancaire ». Pirotte (1999) identifie certaines caractéristiques des micro-entreprises :

[9] Organisation Des Nations Unies Pour L'Alimentation et L'Agriculture / "Food and Agriculture Organization of the United States

- Ce sont des entités de petite taille employant de 1 à 10 personnes.
- Elles représentent une source importante de revenu et du travail pour les populations pauvres.
- Elles sont gérées par des personnes pauvres.
- Elles n'ont pas accès au capital et disposent de peu de trésoreries.
- Elles sont financées essentiellement par des fonds propres.
- Elles disposent d'une main d'œuvre peu qualifiée allant de 1 à 5 personnes.
- Les outils de production qu'elles utilisent sont usagés.
- Elles se caractérisent par un faible montant des stocks.

2.4 **Les services financiers offerts par les IMF:**

La microfinance offre une gamme complète de services financiers incluant, en plus du microcrédit, l'épargne, le transfert des fonds, l'assurance, le crédit-bail, etc. Les différents services offrent la possibilité de créer, détenir et accumuler des actifs. Ils permettent aussi de lisser la consommation des ménages pauvres.
Le développement des nouvelles technologies de l'information ont rendu d'autres produits accessibles comme les cartes de paiement et la banque mobile (''mobil Bank''), etc. (voir Perron, 2011).
Dans ce qui suit, nous allons tout d'abord présenter le microcrédit, produit phare de la microfinance. Nous développons, par la suite, quelques exemples des produits de base offerts par les IMF, notamment l'épargne et l'assurance.

2.4.1 Le microcrédit :

Le microcrédit constitue la composante la plus ancienne et la plus connue de la microfinance. Servet (2006) définit le microcrédit comme étant un prêt de petit montant, consenti à des groupes d'emprunteurs solidaires ou à des individus. Ces prêts ont la particularité de cibler les populations discriminées, démunies ou à faibles revenus. Ils ont pour objectif le financement et la création des activités génératrices de revenus.

Pour Lelart (2005), le microcrédit est un prêt de faible montant accordé à des personnes dépourvues de ressources, généralement des femmes, afin de développer ou d'entreprendre une activité génératrice de revenus.

- Donnadieu (2009) identifie certaines caractéristiques communes au microcrédit :
- Il est généralement non assorti de garantie. Même dans le cas où des garanties sont exigées, ces dernières ont généralement une valeur psychologique pour l'emprunteur.
- La décision d'octroyer un crédit est basée sur des entretiens directs. Pendant ces entretiens, les agents de crédit évaluent le profil individuel de l'emprunteur. Parmi les caractéristiques prises en compte, nous trouvons : les valeurs morales de l'emprunteur, sa volonté de remboursement et le degré de son intégration dans la communauté. Même en présence de garanties matérielles, l'évaluation du profil de l'emprunteur est primordiale pour la décision d'octroi de crédit.
- Une forte proximité avec le « micro-emprunteur ».
- Il est de faible montant : Il n'existe pas un consensus sur la valeur maximale que devrait avoir un microcrédit. Sa valeur peut varier d'un pays à l'autre et à l'intérieur d'un même pays. Elle peut également varier selon que l'emprunteur soit une femme ou un homme, ou encore selon que l'IMF utilise la pratique de prêt individuel ou la technique de prêt solidaire. Le crédit est accordé sur une base progressive. Le premier prêt est généralement faible, une fois le crédit est remboursé, le client peut demander des montants plus élevés. Le remboursement régulier du premier prêt octroyé constitue ainsi une garantie suffisante pour l'IMF pour renouveler l'accord. (CGAP, 1998). La motivation du client à honorer ses engagements envers l'IMF repose sur un contrat implicite d'accès à des services futurs. Ainsi, en prévoyant une relation de long terme avec leur institution, les clients auront l'assurance d'un accès plus rapide au crédit dans le futur.
- Il est octroyé sur une période relativement courte, généralement inférieure à un an.

- Les taux d'intérêt sont élevés par rapport aux taux pratiqués par les autres établissements financiers.
- Les produits d'intérêts générés individuellement sont faibles, l'IMF a besoin de multiplier les crédits accordés pour qu'ils soient rentables.

2.4.1.1 Les technologies d'offre de microcrédit :

Une méthodologie spécifique d'octroi de microcrédit est choisie pour répondre aux besoins de la clientèle cible. Le choix dépend également des conditions de l'environnement local (économique, social, politique et réglementaire) et des objectifs du programme (voir Cull et al., 2007). En conséquence, il n'existe pas deux méthodologies complètement identiques. Deux modalités d'offre de microcrédit sont principalement élaborées par les IMF à savoir : les prêts individuels et les prêts de groupes. Les pratiques les plus répandues dans les pays du Sud sont les prêts de groupe alors que dans les pays du Nord, ce sont plutôt les prêts individuels.

d) Le prêt individuel :

Cull et al. (2007) définissent le prêt individuel comme étant un contrat de crédit bilatéral standard conclu entre un seul emprunteur et un seul préteur. Cet emprunteur est le seul responsable du remboursement du prêt. Toutefois, dans certains cas, une autre personne peut se porter garante. Le crédit individuel est particulièrement adapté à une clientèle urbaine en raison de la densité de la population dans ces milieux. Ceci peut favoriser un suivi de proximité.

Cette pratique n'est pas spécifique à la microfinance. Elle est empruntée à l'industrie bancaire classique. Pour ce premier type de crédit, la garantie matérielle est indispensable. Les prêts individuels ressemblent aux prêts bancaires classiques, mais admettent néanmoins quelques spécificités. Les garanties exigées sont plus allégées que les garanties demandées dans les prêts bancaires. Les critères d'évaluation des projets sont informels et tendent à chercher une adéquation du projet au profil du créateur. La clientèle cible diffère aussi. Les clients pour ce type de prêts sont généralement des micro-entreprises ou des travailleurs, guidés par un désir d'autonomie et qui veulent créer leurs propres activités.

Les clients des IMF ne peuvent pas fournir des garanties classiques comme les biens immobiliers : terrains, machines, constructions, etc. Même s'ils en possèdent, les titres de propriété de ces immobilisations n'ont pas toujours une valeur réelle dans des pays où les cadastres et les registres de propriété sont inefficaces et parfois même inexistants. D'un autre côté, même si de telles garanties ont été données, il est souvent long et coûteux (surtout si la valeur du bien est rapportée au montant de crédit) de faire appel à la justice pour les saisir. Pour pallier ces difficultés, les IMF ont dû développer d'autres formes de garanties plus adaptées aux clients. Les IMF ont ainsi imaginé des formes de garanties à la fois pratiques et souples :

- **Des garanties physiques « souples »** : Les IMF acceptent les titres de propriété informels et biens physiques tels que : les meubles, les télévisions, les véhicules, etc. Pour alléger les procédures d'octroi de prêts, les IMF recourent rarement aux actes notariés ou enregistrés puisque de telles formalités sont souvent trop longues et coûteuses.
- **L'épargne obligatoire** : Elle est utilisée comme nantissement du prêt. Contrairement à l'épargne volontaire qui est généralement interdite par la réglementation en vigueur sauf si le statut de l'IMF l'autorise, l'épargne forcée est permise puisque les clients sont débiteurs nets de l'IMF.
- **Les garanties morales** : Avant de décider d'octroyer un crédit, l'agent responsable s'adresse aux personnes qui font partie de l'entourage de l'emprunteur afin d'évaluer sa réputation et son honnêteté.
- **Garanties personnelles de tiers**: Cette forme de garantie consiste à apporter une ou plusieurs personnes qui vont se porter garantes du remboursement en cas de défaillance de l'emprunteur.

Les IMF recourent également aux incitations positives[10] et négatives[11] pour diminuer les risques d'impayés. D'ailleurs,

---

[10] Renouvellement du crédit

c'est grâce à ces garanties complémentaires et adaptées au contexte informel que les IMF ont pu assurer des taux de remboursement parmi les plus élevés (avoisinant parfois les 100%) (Voir section 2.7.1).

e) Le prêt de groupe :

Ce type de prêt est attribué à un groupe de personnes. Les membres du groupe vont garantir mutuellement le remboursement de leurs prêts.

Cette technique de crédit a constitué la plus grande innovation de la microfinance. Le principe est simple : pour remédier à l'absence des garanties matérielles, des emprunteurs se forment en un groupe et se portent garants les uns des autres. Le crédit sera octroyé à titre individuel, mais les emprunteurs doivent former des groupes de « caution solidaire ». La caution solidaire a remplacé ainsi les garanties traditionnelles (physiques ou financières). C'est la pression sociale qui va garantir le remboursement des prêts. Si un membre du groupe se montre défaillant ou incapable de rembourser son emprunt, le reste du groupe va assumer la responsabilité. Si jamais un seul membre du groupe ne rembourse pas son crédit, tout le groupe sera sanctionné. La sélection des membres du groupe se fait de façon endogène[12]. Boyé et al (2006) avancent que les membres d'une même communauté sont censés se connaître, mieux que n'importe quel agent de crédit. Ils savent donc lesquels d'entre eux risquent de ne pas rembourser leurs crédits et ceux qui sont capables de respecter leurs engagements. Ceux qui présentent un risque de non-remboursement seront alors écartés.

Pour Boyé et al. (2006), le crédit solidaire permet de réduire les coûts de transaction à deux niveaux :

- au niveau de la sélection des emprunteurs : l'autoformation des groupes permet à l'IMF d'économiser une bonne partie des coûts relatifs à l'élaboration du dossier de crédit.
- au niveau du contrôle et du suivi du groupe : l'IMF va gérer le groupe d'emprunteurs comme étant un seul client, ce qui

---

[11] Des incitations négatives sous forme de menaces ou de poursuites judiciaires qui peuvent nuire à la réputation de l'emprunteur

[12] Ce n'est pas à l'IMF de former le groupe de prêt solidaire

peut être plus simple et moins coûteux. De plus, dans certains cas, il arrive qu'un membre du groupe se charge des remboursements et des décaissements de tous les membres, allégeant la tâche de l'agent de crédit. Néanmoins, ceci présente un risque de fraude pour l'IMF.

Le crédit solidaire peut avoir un rôle social positif. La solidarité des différents membres du groupe face aux obligations de crédit peut créer des liens sociaux plus étroits entre ces derniers, des liens d'amitié par exemple, dépassant ainsi le simple cadre du crédit.

f) Les banques de village:

Cette pratique, moins connue, est aussi basée sur le concept de la responsabilité conjointe. Les « banques de village » ont été introduites pour la première fois en 1984 par l'organisation à but non lucratif FINCA (par référence à "Foundation for International Community Assistance") basée aux États-Unis. Pour cette technique, les groupes formés sont de grande taille (plus de 10 membres). Les programmes qui pratiquent cette technique sont présents dans les milieux ruraux et comptent un pourcentage élevé de femmes. Ils fonctionnent de la même façon que les groupes de prêt solidaire.

2.4.1.2 La micro-épargne :

Les pauvres ont besoin d'épargner pour faire face à des dépenses exceptionnelles ou imprévues, mais également pour saisir des opportunités d'investissement. Les pauvres épargnent, mais sous des formes non financières, inadaptées à leurs besoins et souvent risquées. Ils ont donc besoin d'épargner auprès des institutions financières pour mettre en sécurité leurs économies. Hours et Selim, (2003) soutiennent que l'épargne formelle permet à ces derniers de mettre leur argent à l'abri des vols, des destructions éventuelles par des éléments de la nature (catastrophes naturelles), des différentes sollicitations de leurs entourages, et même de leurs propres tentations de dépenser. En épargnant, tout retrait nécessite des dépenses en temps et/ou en argent (le transport, la nourriture, etc.). Ils seront, dans ce cas, découragés de le faire. Les services d'épargne développés par les IMF sont variés. Parmi les principaux produits, on trouve : l'épargne obligatoire et l'épargne volontaire.

g) L'épargne obligatoire :

Cette première catégorie d'épargne est liée au crédit et lui sert de garantie. Pour cette raison, ce type d'épargne est souvent considéré faisant partie du crédit et non comme un produit en soi. Robinson (1997) souligne que les IMF trouvent souvent des difficultés par la suite à faire la transition vers les produits d'épargne volontaire.

Le montant de l'épargne est généralement calculé en fonction du montant du crédit accordé. Ce montant doit être versé au moment de l'octroi du crédit et parfois même avant (épargne préalable). Une fois le prêt remboursé, le client peut théoriquement récupérer la totalité de l'argent déposé. Ceci n'est pas toujours le cas puisque le crédit est généralement renouvelé.

Ce premier type d'épargne peut constituer une source de financement peu coûteuse pour l'IMF dans la mesure où elle ne nécessite pas des coûts de collecte. L'épargne est donc un service dont les pauvres ont besoin et une source de capital pour les IMF.

L'épargne préalable est une forme particulière de l'épargne obligataire. Elle est souvent pratiquée par les IMF africaines à inspiration mutualiste. Cette forme d'épargne permet aux mutuelles, qui reposent structurellement sur une implication très forte des clients, de renforcer l'appropriation de l'institution par ses membres. Elle permet également de « tester » la capacité de remboursement du client à travers l'étude de la fréquence et des montants de dépôts. Cette forme particulière d'épargne présente toutefois le risque d'exclure les clients pauvres et, de façon générale, tous ceux qui trouvent cette formule contraignante.

h) L'épargne volontaire :

Un des enjeux importants de la microfinance consiste à passer d'une approche centrée sur les crédits vers une approche qui reconnait l'importance de l'épargne pour les pauvres malgré les efforts déployés par les IMF, surtout en Afrique francophone où le développement des services d'épargne reste limité en raison des restrictions réglementaires sur ce type de produits.

2.4.1.3 La micro-assurance :

Les ménages pauvres n'ont généralement pas accès aux produits formels d'assurance pour se prémunir des risques divers comme la mort, les maladies graves, la perte d'un actif, etc. De tels événements peuvent avoir des conséquences néfastes sur la vie des ménages pauvres, ce qui rend nécessaire le recours aux produits d'assurance.

Pour Boyé et al. (2006), la micro-assurance constitue un produit complémentaire à l'épargne et au crédit pour faire face aux risques. Selon eux, les clients de l'IMF ont recours tout d'abord aux produits d'épargne et de crédit offerts pour gérer les risques. Toutefois, au-delà d'un certain montant, ces produits peuvent s'avérer insuffisants surtout face à des risques importants, d'où la nécessité de recourir aux produits d'assurance. Ainsi, grâce au mécanisme de l'assurance, le paiement régulier de petits montants par un grand nombre de personnes permettra de couvrir des montants importants engagés par les assurés en cas de besoin.

Perron (2011) souligne que les services de micro-assurance, limités auparavant à l'assurance décès et invalidité des emprunteurs commencent à se développer dans les domaines de la santé et de l'agriculture. Il existe plusieurs types de produits d'assurance qui peuvent être adaptés aux personnes pauvres et à faibles revenus. L'auteur avance trois conditions pour que les services offerts soient adaptés à ces personnes :

- Ils doivent couvrir leurs besoins prioritaires,
- Ils ne doivent pas être compliqués (exclusion cognitive)
- Ils doivent se vendre à des prix abordables.

Les produits d'assurance requièrent le versement régulier d'un certain montant appelé prime. Cette dernière est proportionnelle à la probabilité de réalisation et au coût du risque, objet de la micro-assurance. Notons aussi qu'une IMF peut offrir des produits d'assurance directement ou en partenariat avec les compagnies d'assurance (voir Churchill et al., 2004 ; Helms,

2006). Selon Helms(2006), la micro-assurance constitue un nouveau produit encore en phase d'expérimentation.
Helms (2006) présume que plus le produit d'assurance est complexe, plus il est difficile de le mettre en œuvre. Il souligne que la complexité de l'assurance est fonction de la durée de couverture. Plus cette durée est longue, plus complexe sera le produit.
L'assurance des biens, par exemple, constitue un produit relativement moins complexe. Il sert à couvrir les biens endommagés des personnes morales ou physiques. La complexité du produit provient principalement de:

- La difficulté d'évaluation du bien
- Le risque que le propriétaire du bien le néglige parce qu'il est assuré.
- Le risque d'abus de la part du propriétaire et les coûts élevés relatifs au contrôle des sinistres.

Boyé et al. (2006) ajoutent que l'offre des produits d'assurance présente un intérêt, non seulement pour les bénéficiaires, mais également pour les IMF elles-mêmes. L'intérêt est double pour les IMF puisque l'offre de tels produits permet, d'une part, de satisfaire les besoins de leurs clients en les aidant à se prémunir des risques. D'autre part, il permet de diminuer la vulnérabilité des clients, ce qui fait baisser le risque de crédit. D'ailleurs, ce produit a été initialement offert par des institutions qui cherchaient à faire face au risque d'impayé en cas de décès du client.
Pour l'assurance-crédit avec décès, par exemple, la dette disparait avec la mort de l'emprunteur. Ce type d'assurance profite davantage aux IMF qu'aux familles des emprunteurs puisqu'il constitue une protection pour les prêteurs contre le risque de décès de leurs clients. Pour cette raison, il est souvent offert par toutes les IMF. Pour l'assurance-vie épargne, le montant de l'indemnité est proportionnel au montant épargné par l'assuré. L'indemnité payée en cas de décès est souvent le double. Cette assurance vise à encourager l'épargne. Elle a été conçue à l'origine par les caisses de Crédit Mutuel pour promouvoir l'épargne des membres.

2.5 Les services non financiers :

Les services non financiers constituent des services d'accompagnement qui viennent en complément des produits financiers classiques. Ils ont pour but de renforcer la capacité des bénéficiaires à développer des activités génératrices de revenus pérennes et à améliorer plus efficacement leurs conditions de vie. Flores et Serres (2009) notent que la provision de tels services est basée sur l'idée de services « complets » de la microfinance. Les programmes, alliant services financiers et services non financiers, sont communément appelés « programmes intégrés » (voir Boyé et al., 2006).

Boyé et al. (2006) désignent par services non financiers toute sorte de prestation qui a pour objectif d'accompagner le client et de renforcer sa capacité à tirer profit des services financiers. Il existe généralement deux types de services non financiers :

- **Les services sociaux :** tels que l'éducation, l'alphabétisation (en particulier des filles), la santé, le planning familial, la nutrition, la lutte contre la polygamie et les violences conjugales, etc. Servet (2006) souligne que certaines institutions à but humanitaire peuvent offrir des services financiers, souvent des crédits, comme une sorte d'appât. À travers ces services, elles tentent de diffuser certaines informations ayant rapport avec l'éducation, la santé, etc. Dans ce cas, les services d'accompagnement offerts sont plus importants que les services financiers eux-mêmes.
- **Les services d'appui au développement des micro-entreprises :** tels que les formations pratiques, l'assistance technique, les formations dans le management d'entreprise et la gestion financière, etc. (voir CGAP, 1998 et Flores et Serres, 2009). Selon Servet(2006), ce deuxième type de services d'accompagnement joue un rôle direct dans le soutien à la création d'activités productrices et à leur développement. Soulignons, toutefois, que les services financiers et non financiers ne sont pas nécessairement proposés aux mêmes bénéficiaires.

En dépit de l'intérêt que présentent les services non financiers pour les clients de la microfinance, certains pensent que ces services doivent faire l'objet d'une activité distincte. En ce sens, il doit y avoir une séparation complète entre l'activité de microfinancement et la prestation de services non financiers. Flores et Serres (2009) présentent certains de leurs arguments :

- L'absence de personnel qualifié pour offrir ce genre de services qui nécessitent des compétences spéciales.
- L'intégration de services non financiers se traduit généralement par des coûts importants qui viennent s'ajouter aux coûts des services financiers, chose qui peut constituer un obstacle pour l'atteinte de l'objectif d'autosuffisance financière. Boyé et al. (2006) soulignent à cet effet qu'il est généralement très difficile pour une IMF offrant des services non financiers de devenir pérenne. D'un autre côté, les clients sont prêts à payer pour avoir accès aux services financiers, ce qui n'est pas le cas pour les services non financiers. C'est ce qui explique en partie la gratuité de tels services.
- L'offre de ces services peut détourner l'IMF de son objectif principal, à savoir fournir l'accès aux services financiers de base aux personnes pauvres et exclues. L'offre de services non financiers gratuits peut amener les clients à penser qu'il s'agit d'une institution charitable et que les services financiers ne devraient pas non plus être payants.
- Pour l'IMF, la poursuite des deux objectifs économique et social peut conduire à un conflit d'intérêts.

Pour pallier le problème du coût élevé associé à l'offre des services sociaux et afin d'en faire bénéficier un maximum de clients, une IMF peut être amenée à développer des services génériques. Les produits génériques ne sont pourtant pas toujours adaptés à la situation de chaque client. C'est le cas lorsque certains clients se trouvent contraints d'assister aux séances de formation, seulement parce qu'ils ont besoin d'avoir un crédit. Les études ont montré que l'impact et le degré de satisfaction des clients, dans ce cas, étaient faibles (voir Boyé et al., 2006). D'autres, par contre, pensent que ces services doivent être proposés directement par l'IMF à ses clients. Parmi les arguments avancés :

- La microfinance doit se munir d'autres actions ou moyens pour pouvoir améliorer plus efficacement les conditions de vie de ses clients. La provision de services non financiers peut constituer un de ces moyens.
- L'offre des services non financiers fait partie de la mission globale de lutte contre la pauvreté mise en avant par la majorité des IMF.
- Ces services peuvent contribuer à la satisfaction des clients et, par conséquent, à les fidéliser.
- Ces services peuvent réduire le risque de non-remboursement des crédits. Ceci est possible en diminuant la vulnérabilité des clients grâce aux services de soutien d'une part et, d'autre part, en renforçant la capacité de gestion grâce aux services d'appui au développement de leurs entreprises.

Selon Boyé et al. (2006), la décision d'intégrer ou non des services non financiers dépend en grande partie des objectifs qu'une IMF s'est fixés. Si l'atteinte de la pérennité financière constitue un objectif prioritaire de l'institution, cette dernière aura alors tendance à se concentrer davantage sur les services financiers usuels. C'est le cas d'ailleurs de la plupart des IMF actives. En effet, étant donné la gratuité des services non financiers et les coûts élevés qui leur sont associés, l'offre de tels services peut constituer un obstacle à l'atteinte de l'objectif de viabilité.

Flores et Serres (2009) identifient trois modèles principaux de l'offre des services non financiers : le modèle "*joint*", "*parallèle*" et le modèle "*unifié*".

2.5.1 Le modèle "joint ":

Pour ce premier modèle, les services ne sont pas offerts directement par l'IMF, mais par un tiers. Il s'agit d'une autre organisation indépendante avec laquelle l'IMF a établi un partenariat et qui possède les compétences nécessaires pour l'offre de tels services. Ce partenariat peut ainsi pallier la deuxième limite[13] évoquée précédemment. Dans ce cas, l'institution peut connaitre avec exactitude les coûts associés à l'offre de tels services et peut donc mieux les gérer. Flores et Serres (2009) notent toutefois que la qualité des services offerts par ce modèle ne peut être contrôlée parfaitement par l'IMF.

2.5.2 Le modèle "parallèle" :

Pour ce modèle, les services non financiers sont proposés en parallèle avec les services financiers par une même organisation dite « multiservices ». Ces services sont toutefois gérés de façon distincte par un personnel spécialisé. Ce personnel appartient à la même institution, mais fait partie d'un département différent. Vu que les services sont offerts par l'IMF elle-même, celle-ci peut avoir un meilleur contrôle sur la qualité. Néanmoins, la gestion séparée des deux départements peut peser lourdement sur l'IMF du point de vue financier et administratif. Les deux types de services[14] sont proposés à des clients différents. Les services non financiers ne viennent donc pas en complément des services financiers usuels, mais constituent un produit distinct.

2.5.3 Le modèle "unifié" :

S'agissant du modèle "unifié", les services financiers et non financiers s'inscrivent dans un même produit « hybride » proposé par le même personnel (voir Flores et Serres, 2009). Ce modèle est ainsi la mise en application de l'approche de « services complets » de microfinance. À la différence des deux autres modèles, les bénéficiaires des services financiers doivent souscrire obligatoirement aux services non financiers. Les sessions de formation sont délivrées par l'agent du crédit chargé du groupe à la fin de la réunion[15].

[13] Certains remettent en cause l'offre de services non financiers par les IMF en raison du manque de compétences de leur personnel.
[14] Financiers et non financiers
[15] Des réunions de groupe se tiennent régulièrement pour les programmes qui utilisent la méthodologie du « prêt solidaire » ou de « banques de village ».

Flores et Serres (2009) affirment qu'il est difficile pour l'institution de connaître avec exactitude les coûts supplémentaires relatifs à l'offre des services non financiers puisque tous les produits sont gérés par le même agent.
Boyé et al. (2006) définissent, quant à eux, deux approches opérationnelles possibles pour l'offre des services non financiers, à savoir l'approche « intégrée » et l'approche « par référencement ». Pour la première approche, c'est l'IMF qui se charge d'offrir ces services, alors que pour la deuxième approche, une entreprise spécialisée va s'en charger suite à un accord de partenariat conclu avec l'IMF. Il s'agit de la même typologie adoptée par Flores et Serres (2009), sauf que pour ces auteurs, le modèle « intégré » est divisé en modèle « parallèle » et « unifié ».

2.6 Les sources de financement des IMF :

2.6.1 Les subventions :

Noël et Ayayi (2009) affirment que la plupart des IMF ne sont pas rentables. En 1999, seulement 1% de ces institutions étaient financièrement autosuffisantes. Une majorité des IMF peinent à couvrir leurs coûts financiers par l'intermédiaire des seuls taux d'intérêt chargés aux clients. N'étant pas rentables, les IMF ont besoin de subventions pour couvrir leurs charges et continuer ainsi leur activité. Ces subventions peuvent être obtenues principalement des bailleurs de fonds et des investisseurs publics. Les IMF sont donc dépendantes de la bonne volonté de ces derniers, de leurs objectifs et de leurs orientations. En 2009, à titre d'exemple, les engagements en microfinance provenant des financeurs publics représentaient 70% du total des investissements contre 30% des financeurs privés.
Woller et al. (1999) définissent les subventions comme toute source de financement reçue par une organisation au-dessous du prix du marché ou à un prix nul. Les subventions sont des fonds gratuits. Ils constituent de ce fait un mode de financement privilégié surtout pendant la phase de création de l'IMF. À cet égard, Boyé et al. (2006) notent que la plupart de ces institutions ont reçu, à leur lancement, un appui important de la

part des donateurs publics et privés. Les auteurs reconnaissent trois formes principales de subventions à savoir :

- **Des fonds pour le démarrage et le développement de l'activité :**

Vu qu'une majorité des IMF, de par leur forme juridique, ne peuvent pas collecter l'épargne, un fond initial est indispensable pour que l'institution puisse démarrer son activité. Selon les auteurs, une fois que l'IMF est arrivée à maturité et inspire confiance, elle pourra alors trouver d'autres sources de financement (emprunter aux autres institutions financières par exemple).

Même dans le cas où l'IMF est capable de mobiliser l'épargne publique, Boyé et al. (2006) soutiennent que les dons sont aussi nécessaires afin de permettre à l'IMF de poursuivre son activité à un rythme de croissance rapide.

- **Des fonds pour couvrir le coût d'exploitation de l'IMF :**

Au cours des premières années d'activité, les clients de l'IMF sont peu nombreux et ne permettent donc pas de générer assez de revenus (revenus d'intérêt) pour couvrir les coûts de fonctionnement. Il faut un certain temps pour que l'IMF puisse atteindre le seuil de rentabilité. La tâche est d'autant plus difficile si les clients cibles sont des personnes pauvres et exclues. Selon Boyé et al. (2006), il est impossible pour l'IMF de trouver des investisseurs privés pour faire face aux coûts élevés, c'est ainsi aux donateurs publics et privés d'apporter leur soutien. Djadé (2009) souligne que les subventions constituent en général des aides temporaires dont le but est de réduire les coûts de fonctionnement durant les premières années d'activité de l'IMF. Force est de constater que plusieurs IMF continuent à recevoir des subventions même des années après leur constitution, c'est ce dont nous allons discuter dans les prochains chapitres.

- **Fournir une assistance technique :**

Au cours de sa création ou de son développement, une IMF a besoin de recourir à des organisations spécialisées. Le rôle de ces dernières consiste à apporter à la direction locale de l'IMF une formation en matière de gestion, d'analyse des clients et des procédures de sélection. Elles ont aussi pour rôle d'accompagner et de soutenir les activités des IMF. Les institutions qui bénéficient d'une assistance technique n'ont généralement pas les moyens de rémunérer de tels services. C'est donc aux bailleurs de fonds de financer, en partie, cet accompagnement.

Les organisations spécialisées sont généralement des organisations internationales. Ce sont par exemple des ONG, des associations de solidarité ou encore des bureaux d'études. Ces organisations peuvent être elles-mêmes à l'origine de la création de l'IMF ou d'une organisation d'appui externe.

La course à l'autosuffisance qui a marqué ces dernières années avait pour principal objectif d'élargir les sources de financement des IMF afin de répondre à une demande de plus en plus importante des services de microfinance.

2.6.2 Financement privé :

Le secteur de la microfinance était caractérisé par la domination des ONG, qui ont contribué, avec le soutien des autorités publiques, à la formation de plusieurs IMF. Par la suite, les investisseurs financiers privés ont commencé à s'intéresser au secteur. Ils étaient attirés par la réussite de certaines IMF qui ont pu atteindre des niveaux de rentabilités très élevés tout en étant peu risqués. Deux types d'investisseurs interviennent sur le marché de la microfinance : les investisseurs « socialement responsables » et les « investisseurs à risque » qui cherchent en priorité une plus-value pour leur investissement. Ce deuxième type a connu une forte progression au point de doubler ses engagements en très peu de temps.

Ludovic (2010) souligne que près de 80% de l'ensemble des investissements en microfinance proviennent des « investisseurs socialement responsables ». Ces derniers sont attirés par le double objectif de résultat des IMF : à savoir une performance financière combinée avec une performance sociale.

En raison de la commercialisation accrue de leurs activités, plusieurs IMF ont été contraintes de chercher de nouvelles formes de financement. La plupart d'entre elles, surtout les plus matures se sont tournées vers les marchés internationaux de capitaux pour se financer. En conséquence, on a assisté ces dernières années au développement de fonds d'investissement internationaux qui sont spécialisés en microfinance, à savoir les véhicules d'investissement en microfinance ou VIM. Ludovic (2010) présente les VIM comme des sociétés privées qui véhiculent la moitié du financement destiné à la microfinance. L'auteur ajoute qu'il y a plus de 100 MIV, basés généralement en Europe occidentale, qui financent les IMF via des prêts. Les structures et formes de VIM sont très variées. Elles affirment poursuivre un but commun pour leurs investisseurs : obtenir un double rendement (financier et social).

2.7 Caractéristiques spécifiques au secteur de la microfinance :

2.7.1 Taux de remboursement en microfinance :

Le secteur de la microfinance est caractérisé par des taux de remboursement d'emprunt très élevés qui peuvent atteindre dans certains cas 99%. La bonne performance de remboursement provient de la structure des microcrédits et de leur capacité à résoudre les problèmes informationnels et l'absence de garantie (voir Duflo et Parienté, 2009). Cull et al. (2007) soulignent que les taux de remboursement élevés ne se sont pas transformés en profit pour la majorité des IMF. Les auteurs affirment que pour satisfaire la promesse de la microfinance, à savoir réduire la pauvreté sans recourir aux subventions, il est nécessaire de transformer les taux élevés de remboursement en profits. Ceci reste toutefois un défi difficile pour la majorité des institutions.

Honlonkou (2002) pense que les fonds réunis par les IMF vont finir par s'épuiser si la performance de remboursement des prêts est faible, car les déposants (s'ils existent) et les bailleurs de fonds n'auront plus confiance dans ces institutions.

L'auteur affirme aussi qu'une bonne performance de remboursement est indispensable pour une IMF pour atteindre la pérennité et élargir l'accès des personnes défavorisées aux services financiers.

2.7.2 Taux d'intérêt élevés dans la microfinance :

Une autre spécificité de la microfinance réside dans le niveau élevé des taux d'intérêt du microcrédit.
Ces taux élevés sont souvent expliqués par les coûts de transaction et de contrôle importants. Bien que ces taux restent en dessous des taux de crédit de sources informelles, notamment les taux exorbitants des usuriers qui peuvent excéder facilement les 20% par an, voire parfois 50% par an (voir Duflo et Parienté, 2009). La médiane est de 26% par an et la moyenne est aux alentours de 35%. Ces taux élevés ont suscité les préoccupations des responsables de l'action publique à travers le monde et ont soulevé plusieurs interrogations.
Parmi les interrogations levées :

- Pour quelles raisons des institutions qui ont pour vocation sociale d'aider les plus pauvres se permettent-elles de fixer des taux d'intérêt aussi élevés ?
- Ces taux sont-ils la conséquence d'un manque d'efficacité des IMF ?
- Les pauvres parviennent-ils à assumer des taux d'intérêt aussi élevés ?

Les taux d'intérêt effectifs globaux pratiqués par les IMF sont tout d'abord jugés élevés puisqu'ils sont destinés à une clientèle pauvre.
Selon le CGAP (2004 b), le taux d'intérêt élevé pratiqué en microfinance n'est pas lié au fait que les risques inhérents à l'octroi de financement aux personnes pauvres sont plus grands. En effet, le risque de non-remboursement auquel sont exposés les bons programmes de microcrédit est souvent plus faible que celui des banques traditionnelles. Le microcrédit est onéreux parce qu'il est plus coûteux de procéder à des actions de faibles montants qui exigent un contact direct avec les clients.
Le CGAP (2004 b) souligne que le taux d'intérêt du microcrédit incorpore, en plus du loyer de l'argent, le prix d'un nombre de services offerts par les IMF dont : la formation, la tenue des documents comptable, les frais de gestion de crédit, les services de suivi et d'appui à l'emprunteur (par exemple les conseils apportés pour le bon déroulement de l'activité génératrice de revenus menée par l'emprunteur), les coûts de transaction

(temps et frais de déplacement et parfois les frais liés à la collecte des remboursements auprès des clients (domicile ou lieu de travail). Ce dernier service permet par exemple, d'une part, d'éviter certains risques pour l'institution comme le vol ou l'agression et d'autre part bénéficie au client en lui évitant de se déplacer lui-même au guichet pour rembourser l'argent emprunté. L'emprunteur peut, dans ce cas, économiser les frais de transport, nourritures, etc. La structure de rémunération de prêt en microfinance comprend donc en plus du taux d'intérêt qui est le loyer de l'argent, lequel intègre le coût du risque et du crédit bancaire, la commission de formation, celle relative au suivi et l'appui au micro-entrepreneur et parfois la commission de recouvrement. L'ensemble de ces éléments pourra ainsi justifier le taux d'intérêt élevé.

Selon le MBB (2011), le taux d'intérêt relativement élevé du microcrédit revient principalement aux coûts d'exploitation[16] élevés nécessaires à l'octroi de prêts de faibles montants. Ainsi, accorder 1000 prêts de 100$ chacun requiert des frais de personnel beaucoup plus importants qu'un seul prêt de 100 000 $ réunis.

Un rapport du CGAP (2004 b) a montré que les pauvres se soucieraient davantage d'avoir un accès constant et permanent au crédit plutôt que du coût effectif de ce crédit. Par ailleurs, le niveau élevé du taux de remboursement des emprunts est une preuve que les pauvres ont les moyens d'assumer de tels coûts. L'incapacité de remboursement se traduit par un taux élevé d'impayés, ce qui n'est pas le cas en microfinance.

En outre, Gonzales (2011) souligne qu'il est certes nécessaire pour les IMF de réduire les coûts chargés aux emprunteurs démunis et défavorisés, mais il ne faut pas pour autant se concentrer davantage sur le facteur prix du microcrédit et oublier les autres facteurs influençant les conditions et raisons qui poussent les personnes pauvres à emprunter comme : la qualité des services offerts, l'adéquation des produits, la rapidité dans le traitement des dossiers de crédit et l'éventualité d'accès à des futurs prêts.

---

[16] Comprennent les charges administratives et du personnel

3. Microfinance dans la région MENA : Caractéristiques et évolutions

En début décembre 2010, les populations du monde arabe se sont révoltées, appelant à plus de liberté, d'équité et de justice sociale et à une vie plus digne. La voie de la liberté a résonné à travers la région MENA. Ces révolutions, qualifiées de « printemps arabe », ont déclenché ainsi une vague de changements aussi bien au niveau politique que sociale dans plusieurs pays principalement la Tunisie, l'Égypte et la Libye, mais aussi le Yémen, la Syrie et le Bahreïn, les autres pays de la région sont moins touchés.

Malgré des réformes majeures, les changements engendrés restent encore au-delà des revendications des populations. Parmi les causes évoquées du « printemps arabe » l'existence d'un écart important entre l'attente des populations en termes d'emploi et de niveau de vie et les véritables opportunités économiques qui leur sont offertes.

Ces révolutions n'ont pas été sans effet sur le secteur de la microfinance. Certains spécialistes estiment même que « le printemps arabe » aurait créé un environnement propice pour l'inclusion financière. La microfinance est considérée plus particulièrement comme une solution au problème du chômage et surtout le chômage des jeunes. Ceci justifie l'attrait croissant porté au secteur au sein de la région MENA.

Cette étude s'intéresse au secteur de la microfinance dans cette région qui se trouve actuellement en pleine expansion. Les études de microfinance se sont focalisées sur les régions de l'Amérique latine, l'Afrique de l'Ouest et l'Asie alors que les études traitant de la microfinance dans la région MENA sont très limitées. Ces travaux sont généralement sous forme d'études globales, incluant plusieurs régions à la fois. La majorité des travaux traitant du cas de la microfinance dans le monde arabe sont des rapports sur l'état de la microfinance dans ce secteur et non pas d'études proprement dites. Les seuls travaux publiés, consacrés au secteur de la microfinance dans la région sont ceux de Ben Soltane (2008 ; 2014), de Adair et Berguiga (2010) et Omri et Chkoundali (2011).

En outre, le sommet régional du microcrédit qui s'est tenu en avril 2010 à Nairobi (Kenya) a été consacré à la région MENA. Il avait pour but de partager les meilleures pratiques et d'accélérer les mesures novatrices. La programmation de ce sommet n'est qu'une preuve de plus de l'intérêt croissant porté au secteur de la microfinance dans cette région. Face à ce constat, nous avons choisi d'aborder notre sujet dans le cadre spécifique du secteur de la microfinance des pays de la région MENA. Nous allons donc nous intéresser dans cette section à ce secteur qui se trouve actuellement en pleine expansion.

Dans ce qui suit, nous ferons le point sur l'état des lieux de la microfinance dans la région MENA. Nous essayons de mettre l'accent sur la microfinance dans la région au sein d'un secteur mondial en pleine évolution et nous analysons de près les atouts et la performance aussi bien financière que sociale des IMF arabes. Pour ce faire, dans un premier temps, nous évoquons brièvement la situation économique, sociale et politique dans la région. Par la suite, nous présentons les principales caractéristiques du secteur de la microfinance, son stade de développement ainsi que les perspectives futures de son évolution.

3.1 Caractéristiques socio-économiques de la région MENA:

La région MENA est caractérisée par un taux de croissance démographique élevé de près de 2% et une population jeune. Les États arabes viennent en deuxième position après l'Afrique subsaharienne avec une proportion des jeunes égale à 19,2% de la population contre 20,2% pour L'Afrique subsaharienne (PNUD 2009 et 2014). Le taux de chômage, surtout des femmes, est également parmi les plus élevés. Dans un rapport sur le développement de la banque mondiale (2012), les pays de la région ont enregistré le taux d'activité féminine le plus faible, avec seulement 26%, suivi par l'Asie du Sud, avec 35%[17]. Le

[17] Les taux d'activité féminine les plus élevés ont été enregistrés dans les régions de L'Asie de l'Est et Pacifique avec un taux de participation des femmes à la vie active de 64%, suivi de l'Afrique subsaharienne (61%).

problème du chômage, notamment chez les jeunes, constitue l'un des aspects problématiques de cette région. En comparaison avec les autres régions du monde, le taux de pauvreté est relativement bas. D'après les données de la banque mondiale (2014), 12,04% de la population de la région vivait avec moins de 2 dollars par jour en 2010 et seulement 2,4% de la population sont sous le seuil de 1,25 dollars par jour. Cependant, la banque mondiale (2014) souligne que de larges tranches de la population vivent dans des situations de vulnérabilité et sont donc fragiles aux chocs externes. Dans certains pays, même les personnes qui ne sont pas considérées comme étant pauvres[18] sont à peine plus favorisées que celles appartenant à la catégorie des personnes pauvres.

Pour cette région, deux pays semblent souffrir plus particulièrement d'une grande pauvreté: Près de la moitié de la population du Yémen (Moyen-Orient) et du Soudan (Afrique du Nord) sont au-dessous du seuil de pauvreté de 2$ par jour. Les taux sont aussi élevés pour l'Irak et la Syrie respectivement 21,41% et 16,9%. Selon la classification de la banque mondiale par tranche de revenu, le Yémen et le Soudan appartiennent en effet à la catégorie des pays à faible revenu. La majorité des pays de la région appartiennent à cette catégorie et à celle des pays à moyen revenu, exception faite de quelques pays riches en pétrole qui appartiennent au Conseil de Coopération du Golfe (CCG).

Notons également que la région MENA est l'une des régions les plus conflictuelles du monde. Au Yémen et en Libye, par exemple, l'augmentation de l'insécurité en raison des conflits et des violences ne cesse de nuire à l'économie. En Libye, les affrontements incessants entre les milices et les autorités continuent de causer d'énormes dégâts entravant ainsi l'activité économique du pays (Banque mondiale, 2014). N'oublions pas aussi que les conflits récents en République arabe syrienne, en Libye et au Yémen ont contraint plusieurs habitants à se réfugier dans les pays voisins. Dans certains pays arabes comme l'Irak, le Liban, la Somalie et le Soudan, où la

---

18 Elles se trouvent classées juste en haut du seuil 1 de pauvreté absolue estimé à 1,25 dollars par jour par parité du pouvoir d'achat (PPA).

population n'est pas homogène, en raison des différences ethniques, religieuses, communautaires et linguistiques, les luttes incessantes sont aussi source de grande instabilité.
Concernant l'accès aux services financiers élémentaires, les pays en développement arabes ont enregistré la plus faible proportion d'adultes possédant des comptes par rapport aux autres régions du monde. En 2014, la proportion d'adultes ayant un compte était de 14% seulement. Les femmes sont moins susceptibles que les hommes d'avoir un compte dans le monde arabe. L'inclusion financière des femmes peut ainsi constituer une solution pour les aider à augmenter leur participation économique et à créer leurs propres activités génératrices de revenus.

- *Les caractéristiques de la région font qu'elle constitue un champ propice au développement de la microfinance.*

3.2 **Microfinance dans la région MENA: un état des lieux**

3.2.1 Caractéristiques du secteur de la microfinance dans la région MENA :

La microfinance, dans la région MENA, constitue une activité récente par rapport aux autres régions du monde. Le programme le plus ancien dans la région est celui d'ABA (Alexandria Business Association) qui a commencé son activité en Égypte, il y a plus de 20 ans.
La microfinance, dans la région MENA, est caractérisée par l'existence d'écarts considérables entre les pays. D'une part, nous trouvons le Maroc, leadeur du secteur, l'Égypte et la Jordanie qui représentent 90% du marché (MMW, 2009). Le Maroc a connu une évolution beaucoup plus rapide avec un grand pas d'avance sur ses pairs arabes. L'implantation des programmes de microfinance au Maroc s'est tout de suite transformée en un "*success story*". On trouve en seconde place, l'Égypte et la Jordanie dont les secteurs sont eux aussi particulièrement dynamiques et en plein développement.
L'Égypte était incontestablement leader dans le secteur de la microfinance arabe, mais ces dernières années, la situation a nettement évolué en faveur d'un meilleur positionnement du

Maroc. À partir de 2001, c'est le Maroc qui semble, en effet, prendre la tête du secteur (42 % de parts de marché en 2001). En troisième position, nous trouvons la Jordanie suivie par la Tunisie, les autres pays sont nettement derrière.

Le principal partenaire de la microfinance dans la région MENA est le réseau Sanabel. Il s'agit du premier et unique réseau désigné pour servir les institutions de microfinance dans le monde arabe. Ce réseau a pour rôle de soutenir et promouvoir le secteur dans la région. Le secteur de la microfinance arabe est en plein développement. Bien qu'il soit dominé par les ONG et les crédits solidaires, il commence à connaître une diversification au niveau des formes institutionnelles et des services aux clients. Selon un rapport de benchmarking[19] réalisé en 2009 par le MIX en collaboration avec le réseau Sanabel, le secteur a intensifié ses activités, en fournissant l'accès aux services financiers à plus de clients tout en développant la gamme des produits, principalement des produits individuels. Les IMF de la région sont davantage axées sur la compréhension des besoins de leurs clients. À cet effet, de nouveaux produits de prêts ont été conçus pour répondre à ces besoins.

La jeunesse du secteur se fait remarquer autrement. Le service aux clients reste limité au prêt, et même encore à des prêts micro-entreprises. L'offre des produits d'épargne est interdite par la réglementation en vigueur dans la majorité des pays de la région. Les autres services, tels que le transfert d'argent et l'assurance, sont inconnus ou presque par les IMF arabes. Même les services de la micro-assurance développés récemment restent largement limités aux assurances contre les décès et infirmités. Avec l'interdiction du recours aux dépôts du public et le faible accès aux emprunts bancaires, ces institutions

---

[19] L'échantillon des IMF pour ce rapport est composé des données de 2007 de 48 institutions de microfinance dans 10 pays pour les points de référence, et 36 IMF de neuf pays pour les données 2006-2007 de tendance. Cette étude, réalisée par le Microfinance Information Exchange, Inc (MIX) en coopération avec le Réseau arabe Sanabel Microfinance, s'appuie également sur des données tirées d'une étude du CGAP sur l'investissement international dans la région arabe. Pour comparer les performances du secteur arabe dans le reste du monde, ce rapport se réfère également aux résultats (médiane) des références internationales à partir de 890 IMF qui MIX produit à l'automne 2008.

restent souvent coupées de leurs secteurs financiers locaux. La majorité d'entre elles restent tributaires des subventions des bailleurs publics et privés.
Au sein de la région, le stade de développement des marchés de la microfinance diffère d'un pays à l'autre. Le Maroc constitue le marché le plus mature de toute la région avec le niveau d'infrastructure le plus développé en termes de dotation de personnel et aussi de réseaux de succursales. Le marché marocain forme également la plus grande base de l'actif et du portefeuille de prêts. À côté du Maroc, L'Égypte, la Jordanie et le Yémen représentent eux aussi des niveaux de maturité élevés par rapport aux marchés plus jeunes de l'Irak, du Soudan et de la Syrie.
Bien que la majorité des IMF arabes soit des ONG à but non lucratif, il existe des IMF qui opèrent sous le modèle de sociétés de services à but lucratif comme l'IMF Reefy et Tanmeyah en Égypte. Ces sociétés agissent en tant que banques locales du secteur privé et désirent atteindre le marché de la microfinance. On trouve aussi, des banques spécialisées au Yémen qui offrent des services de microfinance. Les banques commerciales font également partie du secteur de la microfinance, notamment dans le Liban qui a l'un des secteurs bancaires les plus développés de la région. Dans ce pays, les banques commerciales offrent depuis plusieurs années des services de microfinance en s'alliant avec des IMF ou en offrant directement des prêts aux micro-entreprises.
Le financement provenant des investisseurs reste toutefois limité pour cette région en comparaison aux autres régions du monde. Selon le MMW (2010), la raison principale serait l'absence d'une réglementation adéquate qui permettrait d'attirer un plus grand nombre d'investisseurs. À cet effet, plusieurs réformes réglementaires ont été entreprises dans ces pays afin de favoriser l'investissement.

3.2.2 Performance sociale et financière des IMF de la région MENA: Analyse par les ratios

Les services de microfinance contribuent à la réduction de la pauvreté, mais seulement lorsqu'ils sont spécifiquement conçus

pour servir les personnes les plus pauvres. La région arabe est l'une des régions les plus focalisées sur les pauvres, mais une portée[20] plus élevée est nécessaire. Elle constitue, en effet, le plus petit marché de microfinance en termes d'étendue de la portée (mesurée par le nombre d'emprunteurs) et de portefeuille brut de prêts. Dans la région, l'Égypte et le Maroc ont enregistré les niveaux les plus élevés d'étendue de la portée et de l'échelle des opérations (mesurée par l'encours brut de prêts) par rapport aux plus jeunes marchés comme l'Irak, le Soudan et la Syrie.
L'Égypte demeure le plus grand marché de la région en termes de nombre d'emprunteurs, tandis que le Maroc est toujours le plus grand marché en termes de portefeuille de prêts. Dans la troisième position, on trouve la Jordanie suivie de la Tunisie en quatrième position. Malgré une certaine instabilité dans la région, la portée du secteur de la microfinance est restée constante au cours de 2009-2011. En fait, la plupart des IMF de la région ont connu une croissance de la portée, avec l'Égypte montrant également une reprise après la récession en 2010 en raison de l'instabilité politique. Le Maroc, quant à lui, a connu une baisse du portefeuille de prêts, principalement due à la détérioration de la qualité du portefeuille du prêt ainsi qu'une diminution de la portée.
La région MENA a enregistré un solde moyen de prêt par emprunteur faible[21], même en tenant compte des indicateurs macroéconomiques (c.-à-d. en le divisant par le RNB par habitant). Bien que ceci indique que les IMF arabes ciblent les populations à faible revenu, une étude plus profonde de la nature des clients ciblés dans la région révèle que ceci n'est pas aussi évident. Alors que l'Irak, le Liban et la Palestine ont affiché le niveau le plus élevé du solde moyen de prêt et sont les

---

[20] Schreiner (2002) définit la portée comme étant les bénéfices sociaux de la microfinance pour les clients pauvres. La portée admet deux dimensions :

- L'étendue de la portée qui mesure la capacité de l'IMF à atteindre les plus pauvres et
- la profondeur de la portée qui mesure la capacité des IMF à atteindre les plus pauvres (voir chapitre II)

[21] Le solde moyen par emprunteur est un indicateur de la profondeur de la portée qui mesure le niveau socio-économique du client. Plus ce solde est faible, plus grande sera la portée (voir chapitre II)

seuls au-dessus de la moyenne régionale de 1100 $, la Palestine est le seul pays avec un solde de prêt moyen/RNB par habitant de plus de 50%. Alors qu'accaparant les plus grands marchés en termes de portée et de portefeuille de prêts, l'Égypte et le Maroc sont parmi les pays avec le plus faible solde moyen de prêts par emprunteur.

Concernant les femmes, qui constituent la cible prioritaire des IMF, près des deux tiers des prêts dans la région MENA sont adressés à des emprunteurs de sexe féminin (62%) devançant ainsi la région de l'Europe de l'Est et l'Asie du Centre et celle de l'Asie de l'Est et le Pacifique avec respectivement 46% et 57%. Le pourcentage des femmes emprunteuses a connu une nette évolution passant de 36% des emprunteurs de la région en 1997 à 60% en 2004. Sachant que les femmes représentent la majorité de la population pauvre, cette augmentation implique une augmentation globale de la portée. Néanmoins, ces taux sont actuellement en baisse et il n'existe pas encore de preuves solides sur l'autonomisation des femmes dans la région (Sanabel, 2012).

Par ailleurs, la région a affiché le deuxième niveau le plus bas de portée aux clients ruraux. Le pourcentage de prêts adressés aux entreprises et aux PME reste, quant à lui, limité à 5% du portefeuille total de la région MENA.

En outre, la région a enregistré le ratio le plus élevé du capital actif et relativement faible ratio de dettes sur capitaux propres. Ceci est expliqué par le fait qu'il est interdit pour la plupart des pays de la région MENA de collecter les dépôts en raison des restrictions légales, alors que ces derniers forment la partie la plus importante du financement pour les IMF dans d'autres régions et notamment l'Afrique Sub-saharienne.

Alors que les investissements directs étrangers (IDE) représentent 19% des sources de financement à l'échelle mondiale, dans la région MENA, ils ne représentent que 2%. Les institutions financières servent le canal principal pour les fonds engagés dans la région et ils offrent des taux d'intérêt plus bas que les IDE.

La région présente les ratios de (dépenses/actifs financiers) parmi les plus faibles du monde et le deuxième plus haut ratio de charges de personnel (charges de personnel/actifs).

Malgré les turbulences dans la région, le rendement des actifs (ROA) est resté acceptable. Une baisse de rendement des actifs a été principalement observée dans les pays du printemps arabe. En moyenne, la plupart des pays ont connu une augmentation de portefeuille à risque en 2011, en particulier les pays associés au printemps arabe. Cependant, le taux de radiation de prêt n'a pas augmenté parallèlement à l'augmentation du portefeuille à risque.

3.2.3 Les récents changements du secteur :

Parmi les nouveautés du secteur, il y a eu le lancement des services de la microfinance islamique. Les produits de microfinance islamique sont des produits dérivés de la finance islamique. Honohon (2007) affirme qu'à peu près 72% de la population habitant dans des pays à majorité musulmane n'utilisent pas des services financiers, car ils ne respectent pas la charia. Diverses enquêtes ont montré que même les musulmans qui utilisent les produits financiers traditionnels préféreraient, s'ils avaient le choix, utiliser des produits financiers plus compatibles avec les lois islamiques.

Parmi les autres événements qui ont marqué la microfinance dans la région le « printemps arabe ». Les soulèvements populaires qui ont commencé en Tunisie pour atteindre par la suite l'Égypte, la Libye, le Bahreïn, la Syrie et le Yémen ont entrainé des bouleversements importants aussi bien politiques qu'économiques. Le secteur de la microfinance n'a pas été épargné. En effet, ce secteur, comme tout autre secteur d'ailleurs, a été affecté, mais à différents niveaux. Au niveau opérationnel, certaines institutions se sont trouvées insolvables du fait du non-remboursement des prêts par les clients. Certaines IMF (branches ou sièges) ont été soit endommagées ou brûlées, les employés ont été blessés et les clients ont été durement touchés. Le réseau Sanabel a mené une enquête en avril 2011 afin d'évaluer l'impact des révolutions sur l'industrie. Cette enquête a révélé certains effets communs aux IMF à savoir :

- Des modifications dans les opérations internes des institutions et plus particulièrement celles qui œuvrent en milieu urbain (allant de la fermeture de bureaux au changement des heures de travail à cause du couvre-feu). Toutefois, malgré les conditions difficiles, les IMF n'ont pas cessé leurs opérations ce qui a contribué au renforcement de la fidélité des clients.
- Les activités menées par les clients ont été également touchées (vols, actifs endommagés, diminution de l'activité pour certains clients ou arrêt de l'activité pour d'autres). De ce fait, les clients sont devenus incapables de rembourser leurs prêts dans les délais.
- Le manque de soutien du gouvernement et des interventions minimales des autres parties prenantes.

Selon le CGAP (2011 a), le secteur de la microfinance dans le monde arabe était caractérisé par une bonne discipline de paiement. Le caractère autoritaire des régimes politiques avait contribué indirectement à cette bonne discipline. Certaines IMF, notamment celles qui étaient liées aux régimes politiques ont même abusé de la peur de la police pour contraindre les clients à payer, comme en Égypte par exemple. Après la révolution, le portefeuille à risque (PAR) a connu une augmentation pour atteindre 4,85% en Tunisie et 2% en Égypte. Toutefois, ces taux commencent à décroître. Certaines IMF étaient liées au régime alors que d'autres ne l'étaient pas. L'IMF Enda par exemple était perçue comme étant une IMF protégée par l'ancien régime. Cette crise a touché aussi bien les clients et les employés de l'IMF. Face à cette situation, Enda a entamé un ensemble de procédures telles que l'émission d'un montant d'une valeur de 500DT pour les personnes ayant perdu quelqu'un, rééchelonnement de 1 à 2 mois des prêts consentis et l'octroi de prêts d'urgence (CGAP, 2011a). Elle a aussi conçu de nouveaux produits pour ses clients afin de les aider à surmonter la crise. Il s'agit de produits non financiers destinés aux clients dont l'activité relève du secteur agricole puisqu'il était le plus touché. Parmi ces produits : la mise en place de réseau entre tous les clients, la commercialisation de leurs produits et la fourniture de support technique. Les défis de développement du secteur de la microfinance arabe.

3.2.4 Les défis de développement du secteur de la microfinance dans la région MENA :

Selon le rapport de Sanabel (2012), les défis auxquels est confronté le secteur sont concentrés dans trois domaines à savoir : la gestion du risque, la finance responsable et le développement de produits et l'innovation. Malgré la crise, la région présente des opportunités attractives d'investissement, d'autant plus que les taux de pénétration sont encore très faibles dans la plupart des pays arabes. En outre, la région, par comparaison à d'autres régions, possède un grand niveau de croissance, une bonne qualité de portefeuille, une viabilité croissante, une résistance aux crises et un impact social élevé.

Selon le même rapport, les défis que doit relever le secteur de la microfinance arabe pour assurer son développement sont les suivants :

- Au niveau de la réglementation: la majorité des IMF sont enregistrées en tant qu'ONG sans but lucratif régies par les lois relatives aux ONG ou aux associations. Très peu de pays de la région ont adopté des lois spécifiques à la microfinance à l'instar du Maroc (loi n°18-97) et de la Tunisie (loi n°99-67). Notons que la réussite du secteur de la microfinance au Maroc, leadeur de la région, n'aurait pas pu être possible sans l'appui du gouvernement. En effet, la loi sur la microfinance de 1999 a fourni selon le CGAP (2010), un cadre clair pour le développement du secteur. D'autre part, en plus du soutien de la communauté internationale des bailleurs de fonds, le secteur a bénéficié aussi d'un soutien financier des fonds publics et plus particulièrement le Fonds Hassan II. Notons toutefois que même en présence de lois spécifiques, les institutions restent limitées dans leur offre de produits et manquent de sources de financement puisqu'ils sont incapables de mobiliser l'épargne ou de bénéficier de la dette locale en raison de leur statut d'ONG.

- Pour le financement : les IMF arabes restent tributaires des subventions. Compte tenu des contraintes réglementaires susmentionnées. Ces institutions continuent d'éprouver des difficultés à trouver les ressources nécessaires pour financer leurs expansions.
- L'augmentation du risque et le manque de pratiques et politiques de contrôle : La crise d'impayés qui a affecté le secteur de la microfinance au Maroc a montré que le niveau de croissance élevé et non contrôlé peut conduire à des déficiences au niveau des politiques et pratiques de contrôle interne et du système de gestion du risque. Pour éviter les crises, les IMF doivent mettre en place un système amélioré de gestion de risque qui permet d'identifier, d'évaluer et de gérer l'éventualité de l'apparition d'événements défavorables et des facteurs de risque. Ces derniers peuvent être internes, tels que les risques opérationnels, risques de crédit et risques liés aux clients ou externes, comme les cas de force majeure et les risques politiques. La bonne gestion du risque passe par l'élaboration de politiques de contrôle interne efficaces.

4. Conclusion :

Nous avons vu tout au long de ce chapitre que la microfinance trouve son inspiration de sources diverses : la théorie du marché et l'économie sociale et solidaire. Plutôt que de l'inscrire dans un champ particulier, nous avons montré qu'elle constitue un mode de financement hybride.
Par la suite, nous avons essayé de présenter la microfinance. Cette dernière consiste essentiellement en l'offre de services d'épargne et de crédit de faibles montants. Ces services sont en grande partie destinés à répondre aux besoins des personnes exclues du système financier formel. Les pauvres et surtout les femmes sont la cible privilégiée des programmes de microfinance. Les IMF ne se limitent pas aux services financiers usuels, elles offrent également des services non financiers en complément. Il existe une grande variété d'organisations impliquées dans ce secteur. Elles partagent toutefois la poursuite d'un double objectif de résultat. En outre,

parce que servir les pauvres se traduit généralement par des coûts et des risques élevés. Les IMF ont pu imaginer de nouvelles méthodologies d'octroi de prêt, notamment les groupes solidaires et des garanties non traditionnelles. Grâce à ces innovations, les taux de remboursement en microfinance sont très élevés. Bien que la clientèle cible soit des personnes pauvres, les taux d'intérêt sont très élevés, chose qui a soulevé d'innombrables interrogations.
Enfin, nous nous sommes intéressés plus particulièrement au secteur de la microfinance dans la région MENA qui se trouve actuellement en pleine expansion. La microfinance dans ce secteur est assez jeune. Les services sont limités à l'offre de microcrédit. Le secteur est également caractérisé par la dominance des ONG, pionnières de la microfinance dans la région. Avec l'avènement des révolutions arabes, la microfinance peut constituer un outil efficace pour lutter contre la pauvreté et l'exclusion et promouvoir l'entrepreneuriat. Le secteur fait face toutefois à de nombreux défis surtout au niveau de la réglementation et des sources de financement.

Chapitre II : Performance sociale et financière des IMF

Les IMF sont caractérisées par leur « double objectif » de résultat. En plus de l'objectif social qui consiste à toucher un plus grand nombre de personnes parmi les plus pauvres, une IMF doit aussi être pérenne pour pouvoir poursuivre ses activités. Notre objectif est d'étudier la capacité des IMF à concilier les deux objectifs social et financier.

5. Performance des IMF:

Martory et al. (2008) soutiennent que la performance d'une institution s'apprécie à deux niveaux:
- *L'efficacité* : définie comme étant le degré avec lequel les objectifs sont atteints et
- *L'efficience* : définie comme le rapport entre les résultats obtenus et les moyens mis en œuvre pour les obtenir.

Ils soulignent qu'il est nécessaire d'ajouter parfois un troisième niveau d'appréciation de la performance à savoir : *la pertinence*. Ce dernier niveau traduit quant à lui l'alignement stratégique de la performance, c.-à-d. la conformité des résultats atteints aux objectifs stratégiques poursuivis.
S'agissant du contexte particulier de la microfinance, Montalieu (2002) avance que l'appréciation de la performance d'une IMF s'envisage selon deux dimensions: la première consiste à mesurer la portée sociale de l'organisation et la seconde relève plutôt de sa viabilité financière. À ce titre, c'est Yaron (1994) qui a avancé pour la première fois le double concept: pérennité /portée (ou pérennité/impact) de la microfinance. Ce concept est devenu, par la suite, la référence dans l'évaluation de la performance des IMF.
Dans ce qui suit, nous définissons la performance sociale et financière des IMF en mettant un accent particulier sur l'appréciation de la viabilité et la portée sociale de ces institutions. Par la suite, nous exposons leurs principales méthodes d'évaluation.

5.1 Performance financière des IMF :

La performance financière constitue un indicateur essentiel utilisé pour évaluer la réussite d'une IMF en termes de rendement. D'une part, elle permet aux investisseurs d'évaluer au préalable la rentabilité d'un investissement. D'autre part, elle permet aux autorités publiques d'évaluer le bon respect de la réglementation et la santé générale du secteur financier dans la mesure où ce dernier constitue une partie intégrante du système.

5.1.1 Viabilité financière et pérennité des institutions de microfinance :

Les deux notions de viabilité et de pérennité sont souvent utilisées indistinctement. Elles s'inscrivent dans la durabilité et prêtent à confusion puisqu'une IMF viable est aussi une IMF pérenne. Defoundoux-Fila et al. (2013) soutiennent que la notion de pérennité englobe celle de la viabilité. La pérennité traduit la capacité d'une IMF à être irréversiblement viable ou du moins à l'être dans le long terme.

La pérennité telle que définie par Ndiaye (2009) est la capacité d'une institution à assurer sa continuité, sans recourir aux subventions. Elle est appréciée par l'efficacité des services, le niveau de l'autosuffisance financière et la bonne gestion de la structure organisationnelle.

Pour le CGAP (2004 a), la pérennité implique la couverture de *façon permanente* des coûts d'exploitation et des coûts financiers associés à la prestation des services financiers, en dehors de toute subvention, quelles que soient sa provenance (bailleurs de fonds ou étatique) et sa nature (privée ou publique). Il affirme que l'atteinte de la pérennité constitue une nécessité pour les IMF pour qu'elles puissent servir un nombre suffisant de pauvres et obtenir à long terme des résultats sur le plan social. L'atteinte de la pérennité constitue donc un défi de long terme. De manière générale, il faut au moins cinq ans pour pouvoir atteindre cet objectif pour les IMF implantées en milieu urbain. Pour les zones rurales, difficiles d'accès, il faut beaucoup plus de temps.

Le terme viabilité se réfère à plusieurs dimensions : financière, institutionnelle et sociale. Defoundoux-Fila et al. (2013) définissent la viabilité financière comme la capacité d'une institution à couvrir ses coûts par le seul produit de ses activités. En se référant à cette définition, une recherche effrénée de la viabilité financière peut amener l'IMF à s'orienter vers la gamme de clients les plus solvables, ce qui peut écarter la clientèle pauvre. La viabilité institutionnelle se réfère à l'organisation interne de l'institution, aux mécanismes de prise de décisions, de contrôle et de façon générale à la gouvernance (voir Defoundoux-Fila et al., 2013). La viabilité sociale permet aux différents acteurs de négocier avec leurs partenaires sur la base d'objectifs communs et clairs. Elle permet de dégager des compromis et des accords au sein de l'institution (on parle dans ce cas de viabilité sociale interne) et de s'insérer à son environnement (on parle dans ce cas de viabilité sociale externe).

Boyé et al. (2006) définissent la viabilité financière comme étant le fait «d'atteindre l'équilibre financier et de pouvoir financer la croissance». Elle constitue un critère essentiel de la réussite des IMF. En effet, si elles peuvent couvrir leurs coûts, elles peuvent aussi se développer et servir un nombre plus important de clients.

La viabilité admet deux niveaux: opérationnel et financier. La viabilité opérationnelle traduit la capacité d'une IMF à couvrir ses coûts opérationnels avec les produits issus des différentes lignes d'activité. La viabilité financière évalue, quant à elle, la capacité d'une IMF à couvrir l'ensemble de ses coûts et générer une marge pour financer sa croissance. Généralement, les IMF évoluent vers l'autosuffisance opérationnelle, à court terme, avant d'atteindre à long terme l'autosuffisance financière.

Les dirigeants ne contrôlent pas directement la performance financière, mais à travers certaines variables décisionnelles telles que : le taux d'intérêt chargé, la composition du portefeuille client, le nombre d'emprunteurs, etc. Pour atteindre la viabilité financière, les dirigeants doivent agir sur ces variables. Une variable stratégique qui affecte la viabilité d'une institution est le taux d'intérêt chargé aux clients (ainsi que les

commissions et les autres charges). Dans ce cas, des taux d'intérêt élevés sont favorables à l'atteinte d'un tel objectif.
Le CGAP (2004 a) note que l'atteinte de la pérennité nécessite l'application de taux d'intérêt réels, c.-à-d. ceux correspondant aux coûts réels supportés par les prestataires de services de microfinance. Ces coûts, généralement élevés, vont finir par s'abaisser à travers le temps grâce à la concurrence et à une plus grande responsabilisation au niveau du résultat. Il identifie quatre conditions nécessaires pour atteindre l'autonomie financière à savoir :

- Une maitrise des coûts
- Une diversification et une adaptation des produits
- Une mobilisation plus accrue des ressources locales investies dans l'amélioration des capacités de financement
- Une gestion professionnalisée

5.1.1.1 Les avantages de la viabilité financière :

Carr et Tong (2002) présentent deux arguments en faveur de la poursuite de l'objectif de viabilité par les IMF à savoir : la survie de l'organisation et le ciblage approprié.

i) La survie de l'organisation :

Pour assurer leur continuité, la recherche de l'autonomie financière est une condition nécessaire, voire une voie indispensable. La viabilité financière peut assurer la continuité dans la provision des services financiers. Elle permet à l'IMF de répondre à un nombre croissant des demandeurs. Carr et Tong (2002) pointent l'importance de ce premier argument en raison des grands échecs dans le passé des crédits subventionnés. En effet, les projets de développement conduits dans le passé et basés sur le concept de « banques rurales » avaient pour objectif l'atteinte des fermiers et d'autres couches marginalisées. La majorité de ces projets ont échoué. Le CGAP (1995) identifie ces échecs à trois niveaux :

- Les institutions prêteuses n'étaient pas financièrement viables, ce qui a entrainé leur décapitalisation rapide.
- Les fonds ne parvenaient pas souvent aux populations ciblées.

- Ces institutions ont entrainé une distorsion du marché financier, en ce sens, ils ont entravé la bonne marche du financement d'importants secteurs de l'économie.

Copestake et al. (2002) considèrent qu'une organisation soucieuse d'accomplir sa mission sociale (lutte contre la pauvreté, autonomisation des femmes, intensification agricole) doit assurer sa survie. Faute de quoi, elle ne sera plus capable d'offrir des crédits. En effet, les besoins des services financiers sont structurels et permanents et ne peuvent pas être réglés par des interventions temporaires ou des projets. D'autant plus que les clients futurs de la microfinance méritent eux aussi d'avoir accès à ces services.

Nghiem et al. (2006) pensent que la viabilité financière constitue un facteur clé qui va permettre aux pauvres, et plus particulièrement aux futurs pauvres de recevoir les services financiers dont ils ont besoin. Ils avancent que la carence des subventions et le risque de désintérêt dans le futur des bailleurs de fonds peuvent laisser les IMF à court de ressources.

Dans la même lignée, Boyé et al. (2006) soulignent que les subventions sont rares, difficiles à obtenir sur une longue durée et souvent incertaines, car soumises à des aléas politiques ou administratifs. Ils ajoutent que l'accès aux subventions peut aussi être contraignant pour les IMF. Les bailleurs de fonds peuvent imposer certaines conditions qui ne sont pas en accord avec la stratégie adoptée par l'institution. Dans ce cas, l'IMF, aussi réfractaire soit-elle, sera obligée de se plier. Les demandes de subventions nécessitent également un grand investissement en énergie et en temps. Les auteurs remettent en question la gratuité de tels fonds et soulignent que l'accès aux subventions n'est pas aussi facile qu'il en a l'air.

➢ *Nous pouvons donc conclure qu'une IMF ne peut pas compter éternellement sur les subventions des donateurs, et doit se doter des moyens pour assurer sa continuité.*

j) Ciblage des pauvres :

Pour le deuxième argument, l'autonomie financière est considérée comme une garantie que la microfinance va cibler surtout ceux qui n'ont pas d'autres substituts. Selon Morduch

(2000), l'expérience a montré que les crédits subventionnés finissent souvent dans la main des ménages non pauvres. L'auteur avance que les programmes de crédits subventionnés, conduits dans les années 1960 et 1970, ont été détournés de leur cible. C'est le cas lorsque les groupes politiquement puissants, généralement non pauvres, ont utilisé leur pouvoir pour avoir une part dans ces crédits subventionnés. L'auteur ajoute que le problème a été aggravé par le fait que la plupart des programmes sont dirigés par le gouvernement. Ceci a augmenté les incitations au détournement de crédits dans la mesure où l'octroi de prêt fait souvent partie du jeu politique. La solution qu'il avance serait d'éliminer totalement ces subventions ou du moins les supprimer partiellement.

5.1.1.2 Indicateurs de la performance financière :

Le succès des institutions de microfinance a longtemps été associé aux performances financières mesurées par la qualité du portefeuille, l'efficacité opérationnelle et la rentabilité. Un groupe de concertation composé par les bailleurs de fonds et les agences de rating ont élaboré un document contenant les définitions des termes, ratio et retraitements financiers spécifiques à la microfinance. L'objectif de ce document est de fournir aux praticiens de la microfinance un outil pour élaborer des états et rapports financiers qui soient conformes aux normes internationales. Les définitions présentées dans ce document permettent d'effectuer des comparaisons entre les différentes IMF. Elles favorisent également une plus grande transparence dans la publication des données financières de ces institutions. De façon générale, ces directives distinguent quatre catégories de ratios financiers à savoir :

- Rentabilité /pérennité
- Gestion bilancielle (ou gestion Actifs/Passifs)
- Qualité du portefeuille
- Efficience /productivité

Pour mesurer la performance financière des IMF, plusieurs indicateurs sont utilisés dans la littérature. Parmi ces indicateurs, nous trouvons: l'autosuffisance opérationnelle

(AO), l'autosuffisance financière (AF), le rendement des actifs (ROA), le rendement des fonds propres (ROE). Ces derniers sont utilisés pour mesurer la performance financière globale (voir Kumar Kar, 2013 et Cull et al., 2007). Yaron (1992) propose l'indice de dépendance aux subventions (SDI : *subsidy dependance index*), comme mesure de la dépendance des IMF aux subventions relativement à ses pairs. Cet indice mesure le degré auquel une IMF doit augmenter son taux d'intérêt pour devenir autonome.
D'autres travaux emploient aussi des variables d'efficience (le coût par emprunteur, le coût par emprunt et le coût par dollar emprunté, etc.), des variables de risque (le portefeuille à risque et le taux d'abandon de créances (appelé aussi taux de radiation de prêts) ainsi que des variables de productivité (Nombre d'emprunteurs par effectif du personnel et emprunteur par officier de crédit) comme indicateurs de la performance financière (voir Kumar Kar, 2013). Nous allons présenter dans ce qui suit les principaux indicateurs financiers utilisés dans la littérature.

k) Ratios de rentabilité et de pérennité :

SEEP Network (2005) note que les ratios de rentabilité et de pérennité reflètent la capacité d'une institution à maintenir son activité et assurer sa croissance. Toutes les IMF, quel que soit leur statut fiscal (à but lucratif ou non) s'efforcent d'atteindre la rentabilité et à plus long terme la pérennité. Il signale que les bailleurs de fonds et les investisseurs sont soucieux, eux aussi, de trouver des institutions pérennes.

l) Autosuffisance opérationnelle (AO) :

L'autosuffisance opérationnelle (AO) est la mesure la plus élémentaire de la pérennité. Elle indique si les produits d'exploitations sont suffisants pour couvrir toutes les charges d'exploitation. Elle traduit ainsi la capacité d'une IMF à couvrir ses coûts et, par conséquent, à continuer son activité sans subventions futures. En terme plus simple, l'AO mesure la capacité de survie d'une IMF.
Les produits et les charges sont relatifs à l'activité principale de l'IMF, les produits hors exploitation et les subventions ne sont

pas inclus. Par contre, les charges financières et les dotations aux provisions pour créances douteuses sont incluses dans le calcul de ce ratio. Les IMF jeunes mettent plusieurs années pour atteindre l'équilibre (le seuil de rentabilité est de 100%). L'AO est un indicateur essentiel qui évalue ainsi la capacité d'une IMF à couvrir ses trois types de charges :

- Les charges d'exploitation
- Les provisions pour créances douteuses
- Les charges financières

Une IMF dont le ratio de viabilité financière est inférieur à 100% est une institution qui subit des pertes (voir Boyé et al., 2006). Seules les IMF dont le ratio est supérieur à 100% pourront durablement poursuivre leurs activités sans subventions et sans diminution des fonds propres. L'AO n'est pas très fluctuante. La croissance et l'efficience suffisent à améliorer ce ratio.

$$AO = \frac{Produits\ financiers}{(Charges\ financières + Dotations\ aux\ provisions\ pour\ créances\ douteuses + Charges\ d'exploitation)}$$

m) Autosuffisance financière (AF):

Le ratio d'autosuffisance financière (AF) n'est autre que le ratio d'autosuffisance opérationnelle retraité. Ce ratio évalue la capacité d'une IMF à couvrir ses coûts après retraitement des produits et charges d'exploitation. Ce ratio mesure ainsi non seulement la capacité d'une IMF à couvrir ses coûts d'exploitation(AO), mais également sa capacité à fonctionner et à se développer sans recourir aux subventions. Il mesure ainsi sa capacité de croissance. Selon Cull et al. (2007), un ratio inférieur à 1 (100%) signifie que l'IMF ne parvient pas à générer assez de revenus pour couvrir l'ensemble de ses coûts.

$$AF = \frac{Produits\ financiers\ retraités}{(Charges\ financières\ retraitées + Dotations\ aux\ provisions\ pour\ créances\ douteuses\ retraitées + Charges\ d'exploitation\ reraitées)}$$

De manière générale, les IMF évoluent d'abord progressivement vers l'autosuffisance opérationnelle, avant d'atteindre, à long terme, l'autosuffisance financière (Boyé et al., 2006).

n) Le rendement des fonds propres ou ROE:

Pour les IMF à but lucratif, le rendement des fonds propres est l'indicateur de rentabilité le plus important. Il mesure la capacité de l'institution à rémunérer la participation de ses actionnaires, à renforcer ses fonds propres par les bénéfices non distribués et à lever d'autres participations en fonds propres. En excluant les subventions et les produits hors exploitation, ce ratio montre la capacité de l'IMF à générer des revenus à partir de son activité principale.

$$ROE = \frac{Résultat\ net\ d'exploitation - impôts}{Montant\ moyen\ des\ fonds\ propres}$$

o) Le rendement des Actifs ou ROA :

Le rendement des actifs ou ROA nous renseigne sur la performance de gestion des actifs de l'IMF. Il mesure la rentabilité, indépendamment de la structure de financement de l'institution.

$$ROA = \frac{Résultat\ net\ d'exploitation - impôts}{Montant\ moyen\ des\ actifs}$$

Il ne défavorise pas les IMF financées essentiellement par des fonds propres. Le ROA constitue une bonne mesure pour comparer les IMF commerciales et non commerciales. Les IMF non commerciales, dotées de faibles ratios dettes/fonds propres, ont souvent un ROA plus élevé que leurs homologues commerciales parce qu'elles ont des charges financières plus faibles et payent moins d'impôts.

5.2 Performance sociale des IMF :

Ndiaye (2009) souligne que la mesure de la performance des entreprises et plus particulièrement des institutions financières, était basée uniquement sur des indicateurs financiers. Toutefois, de plus en plus de méthodes cherchent à étendre leurs objectifs

à des champs plus vastes incluant notamment la performance sociale.
Zghal (1998) souligne que la notion de performance se réfère généralement à la dimension économique de l'activité d'une entreprise. Toutefois, les développements récents des théories de l'organisation et de gestion penchent de plus en plus pour une vision systémique et globale de la performance. Ces développements ont abouti à l'intégration de la dimension humaine dans l'appréciation de l'activité de l'entreprise. La performance sociale est apparue ainsi comme un nouvel outil d'évaluation de l'activité des entreprises.
Saulquin et Schier (2007) soulignent que la performance a longtemps été considérée comme un concept unidimensionnel, notamment économique, évaluée par la seule réalisation du profit. Ils pensent que cette vision minimaliste de la performance est due principalement au poids des propriétaires dans le processus de décision et à une conception de l'entreprise qui repose sur les droits de propriété formels. Dans ce cadre, la performance a pour unique but la création de valeur pour les actionnaires. La performance est évaluée dès lors par le seul enrichissement de ces derniers. Les auteurs pensent que l'émergence du concept de la responsabilité sociale des entreprises (RSE) constitue une matérialisation de l'évolution de l'entreprise et plus principalement du champ de sa responsabilité pour inclure, en plus de la responsabilité juridique, sa responsabilité vers l'ensemble des parties prenantes, influençant de ce fait la notion de performance. La RSE a fait progressivement évoluer la perception de l'entreprise définie désormais comme une entité intégrante dans la société environnante.
Ce fut Bowen(1953), le premier à s'interroger sur l'exclusivité de la mission économique attribuée à l'entreprise et à lancer le débat sur la responsabilité de l'entreprise envers la société. Partant du constat que l'entreprise constitue un centre vital de décision et de pouvoir et que les actions de cette dernière affectent les membres de la société dans différents domaines, il conclut que la responsabilité des actions de l'entreprise s'inscrit dans une sphère large dépassant la simple sphère économique.

Bowen(1953) soutient ainsi l'idée que l'entreprise aurait de véritables obligations, y compris morales, envers les différentes parties prenantes, autres que les actionnaires et ceci en deçà des réglementations et des engagements contractuels. Il émet l'hypothèse, reprise plus tard par Angelidis et Ibrahim(1993) que l'entreprise existe pour combler les besoins de la société. En d'autres termes, l'entreprise n'existe et ne survit que par la volonté des états et individus composant la société. En conséquence, les actions et les méthodes de fonctionnement de celle-ci doivent répondre aux attentes de la société qui lui a conféré un certain pouvoir pour qu'elle puisse manœuvrer. En retour, l'entreprise a des obligations vis-à-vis de la société. Il en ressort de cette hypothèse que l'entreprise est une institution sociale au même titre qu'un gouvernement ou qu'une ONG.
Appréhendé essentiellement sur un plan strictement financier, le concept de performance a progressé, au cours du vingtième siècle, vers une vision plus élargie afin de tenir compte de la « responsabilité sociale » de l'entreprise à l'égard de ses différentes parties prenantes.
S'agissant du contexte particulier de la microfinance, le thème de la performance sociale des IMF a longtemps été marginalisé. Plusieurs estiment qu'elle ne se traduisait que par des contraintes additionnelles pour les opérateurs de la microfinance qui se souciaient davantage, voire même obstinément, de leur performance financière.
Toutefois, un consensus a émergé il y a quelques années pour reconnaître et promouvoir la performance sociale, non plus comme un frein, mais plutôt comme une démarche prometteuse capable d'améliorer l'impact sur les bénéficiaires et de renforcer la performance financière des institutions. L'engouement pour la performance sociale a été renforcé par les scandales et critiques de plus en plus nombreux, fortement médiatisés et placés sous l'œil vigilant des gouvernements, bailleurs de fonds et grand public. Plusieurs initiatives sont apparues, depuis, pour concevoir des outils nécessaires pour la mesure et la gestion de la performance sociale.
Cette section a pour objectif de présenter, tout d'abord, un essai de définition de la performance sociale des IMF. Par la suite, nous allons faire un tour d'horizon sur les débats et enjeux qui

entourent cette thématique. Enfin, nous allons présenter les différents outils et méthodologies d'évaluation de la performance sociale des IMF.
Avant de définir la performance sociale dans le cadre particulier du secteur de la microfinance, on doit tout d'abord clarifier la différence entre responsabilité sociale, performance sociale et impact, trois concepts généralement confondus dans la littérature se rapportant à ce secteur.

5.2.1 Performance sociale et RSE :

Bowen (1953) aborde la RSE comme étant l'obligation pour les chefs d'entreprises pour la mise en œuvre des stratégies, la prise de décisions et la garantie des pratiques conformes aux objectifs et valeurs de la communauté en général.
Les nombreuses définitions, élaborées par la suite, de la RSE s'inscrivent dans le registre de la contrainte morale ou réglementaire renouant ainsi avec l'idée de l'existence de contrat implicite entre l'entreprise et la société. La RSE est généralement définie comme l'ensemble d'obligations incombant aux entreprises autres que les obligations légales et financières. Nous remarquons une certaine confusion dans la littérature, entre le concept de PS et de RSE. Les deux termes sont souvent utilisés indistinctement. On peut s'interroger sur les rapprochements qui existent entre eux. Saulquin et Schier (2007) précisent que le concept de performance est beaucoup plus ancien que celui de la RSE. Pour eux, la RSE définit une attitude ou un comportement de l'entreprise vis-à-vis de son environnement. La performance se préoccupe, quant à elle, des liens parfois délicats entre l'allocation des ressources et l'obtention des résultats.
Pour la microfinance, une distinction est opérée entre RSE et PS. Lapenu et al. (2009) considèrent que les deux notions constituent une entrée nouvelle et complémentaire à l'évaluation financière de ce secteur. Ils présentent la RSE comme étant l'ensemble des préoccupations des IMF qui visent à s'assurer : de la transparence de leurs actions (« *accountability* »), de leur contribution au développement, de l'offre des services financiers et de l'absence d'effets négatifs

sur les différentes parties prenantes. Chaque IMF doit par exemple garantir un travail décent pour les employés, protéger les consommateurs, protéger l'environnement et, de façon générale, ne pas nuire par leurs actions aux autres ayants droit. La notion de PS englobe celle de RSE et dépasse ainsi cette dernière pour prendre en considération les actions des IMF pour remplir une « mission économique et sociale » en faveur de leurs bénéficiaires (voir Lapenu et al., 2009 et Bédécarrats et al., 2011). Elle signifie que les IMF doivent chercher par leurs actions à remplir leur mission sociale à l'égard de leurs clients et à s'assurer que ces derniers et leurs familles en tirent un bénéfice économique et social (Lapenu et al., 2009). On reviendra plus tard sur la définition de la performance sociale spécifique au secteur de la microfinance. Les deux notions sont donc bien distinctes. En résumé, la responsabilité sociale consiste à « ne pas nuire » (« *to not harm* »), alors que la performance sociale consiste à « bien faire » (« *to do good* ») ce qui la situe davantage dans une approche plus volontariste en faveur des bénéficiaires des IMF.

5.2.2 Performance sociale et Impact en microfinance:

L'impact est défini, quant à lui, comme le véritable changement produit par l'activité de microfinance. Selon Bouquet et Wampfler (2006), l'étude d'impact consiste à savoir, d'une part, la catégorie de la population qui a accès aux services offerts par les IMF. D'autre part, la façon dont ces produits contribuent à faire évoluer la situation économique et sociale des bénéficiaires. Zeller et al. (2003) définissent l'impact comme étant le/les changement(s) dans le bien-être et la qualité de vie, des clients et des non-clients et de la communauté en général, dû(s) aux activités de l'organisation. Ils ajoutent que les études d'impact incluent aussi l'analyse de profil des clients servis. Trois raisons principales justifient la nécessité du recours aux études d'impact en microfinance :

- Prouver l'efficacité de la microfinance en tant qu'outil de lutte contre la pauvreté et l'exclusion
- Attirer des financements (publics et privés)

- Parvenir à mieux connaître les besoins des clients pour une meilleure adéquation des services.

Selon Stewart et al. (2010), les deux concepts de performance sociale et d'impact social sont bien distincts. L'impact social s'intéresse aux changements dans la vie du client après avoir bénéficié d'un microcrédit. La performance sociale s'intéresse, quant à elle, entre autres à examiner comment le prêt a été consenti au client (le traitement qu'il a reçu), si les conditions de prêts sont clairement énoncées dans le contrat, si les clients ont été informés de ces conditions et si nécessaire, savoir le taux d'intérêt chargé au client. Pour l'impact social, la question à poser serait plutôt de savoir quels changements dans la vie du client peuvent être attribués à l'emprunt ? L'impact s'intéresse donc au changement dans la vie du client après avoir bénéficié d'un crédit. Ce changement est mesuré à deux niveaux :

- Au niveau de l'activité du micro-entrepreneur (micro-entreprise) : changement dans le volume des ventes, des revenus, des actifs, etc.
- Au niveau de l'individu, on examine dans ce cas le bien-être du client et de sa famille en termes de nutrition, d'éducation, des services de santé, d'autonomisation des femmes, etc.

Cohen et Sebstard (1998)[22] et Hulme (1999)[23] soulignent que les études d'impact sont souvent très coûteuses et difficiles à conduire. Même si des effets positifs de la microfinance ont été observés[24], la relation de causalité directe avec l'accès aux services financiers reste toutefois difficile à démontrer.

Pistelli et al. (2011) précisent que les indicateurs de performance sociale élaborés par la Microfinance Information Exchange en collaboration avec le groupe de travail sur la PS (MIX/SPTF) n'ont pas pour objectif d'évaluer l'impact des

[22] Cité dans Ndiyae (2009)

[23] Cité dans Ndiyae (2009)

[24] Des effets positifs tels que l'amélioration des revenus et de la situation socio-économique des bénéficiaires, le renforcement des pouvoirs des femmes, les effets positifs sur l'éducation des enfants, sur la santé maternelle et infantile, etc.

programmes de microfinance. Ces indicateurs ont été conçus afin d'aider les IMF à suivre et à évaluer leurs opérations et aussi à réaliser leurs objectifs de développement. De ce fait, la question d'attribution ne se pose pas comme c'est le cas pour les mesures d'impact.

Une partie des critiques adressées au secteur porte sur l'impact de la microfinance et plus précisément sur sa capacité à profiter aux plus pauvres des pauvres. Les résultats empiriques sont encore non concluants. Alors que certains travaux suggèrent que ce sont les personnes les moins pauvres (plus aisées) plutôt que les extrêmement pauvres qui bénéficient le plus de la microfinance (Hulme et Mosley, 1996 ; Coleman, 1999 et Copestake et al., 2005), d'autres postulent le contraire. Khandker (2005), par exemple, a observé que l'impact de la microfinance dans les zones rurales du Bangladesh était légèrement plus élevé pour les personnes vivantes en extrême pauvreté que ceux modérément pauvres.

5.2.3 Définition de la Performance sociale :

Carroll (1979) définit la PS comme étant un construit tridimensionnel incluant plusieurs interactions de responsabilité sociale, de comportements internes et de relations avec la société. Il définit le concept de PS comme étant l'interaction à un moment donné de trois dimensions à savoir :

(1) Les principes de la RSE appréhendée à travers quatre niveaux : économique, légal, éthique et discrétionnaire. La responsabilité légale se réfère à la conformité aux lois en vigueur, la responsabilité éthique renvoie aux actions non codifiées juridiquement, mais faisant partie des attentes de la société. Pour la responsabilité discrétionnaire ou philanthropique, celle-ci est laissée à la libre appréciation du manager.

(2) Les préoccupations sociales de l'organisation : Un ensemble de problèmes sociaux qui s'opposent à l'entreprise (par exemple : discrimination raciale, etc.).

(3) Une philosophie de réponse adoptée par l'entreprise pour y répondre et s'inscrivant dans un continuum allant de

l'anticipation des problèmes à la définition de la responsabilité de l'entreprise les concernant.
S'agissant du cadre particulier de la microfinance, la définition la plus largement acceptée de la PS est celle du groupe de travail sur la performance sociale ou SPTF (par référence aux termes anglais « Social Performance Task Force »). Notons qu'il s'agit d'une définition spécifique au secteur de la microfinance.
La performance sociale telle que définie par le SPTF est la mise en application de la mission sociale d'une IMF, en lien avec des valeurs sociales couramment acceptées à savoir: servir un nombre croissant de personnes pauvres et exclues, fournir des services adaptés et de qualité, générer des bénéfices pour les clients et renforcer la responsabilité sociale des IMF. Il en ressort de cette définition quatre objectifs sociaux :

- Servir un nombre croissant de personnes défavorisées et exclues et ceci sur des bases solides et pérennes.
- Améliorer la qualité et la pertinence des services financiers offerts à travers la reconnaissance des besoins spécifiques des clients ciblés. Les IMF doivent concevoir et proposer des services qui soient adaptés à leurs clients et qui les protègent de toute nuisance.
- Générer des avantages pour les clients, leurs familles et la communauté en général. Parmi ces avantages, nous pouvons citer : l'accroissement du capital social, des revenus et du patrimoine, l'amélioration de l'accès aux services, la réduction de la vulnérabilité et la satisfaction des besoins essentiels.
- Améliorer la responsabilité sociale des IMF aussi bien envers ses clients, ses employés, la communauté qu'elle sert et l'environnement.

Toute IMF doit veiller à la mise en œuvre efficace de ses objectifs sociaux en accord avec les objectifs sociaux reconnus que nous venons de citer.
La prise en compte de la performance sociale des IMF s'est imposée, petit à petit, à l'ensemble des acteurs comme un véritable gage de qualité d'un secteur qui se veut socialement responsable et capable de répondre aux enjeux de la lutte contre

la pauvreté. La microfinance doit veiller à garantir une plus-value sociale et à se prémunir contre les risques de dérives de sa mission principale (commercialisation des IMF) et d'une dégradation de son image auprès du grand public.

Figure 1: Performance sociale des institutions de microfinance :

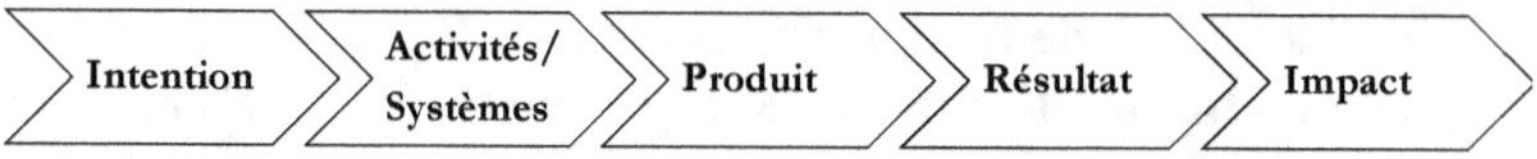

[..................PROCESSUS..........................][.......RÉSULTAT.....]

Intention	**Stratégies et système**	**Principes et conformité**	**Réussite des objectifs sociaux**

Source: MIX, Standard de performance sociale, Micol Picelli

La performance sociale est tout un processus à travers lequel un impact est créé (voir Figure 1). Elle inclut l'analyse :

- Des objectifs affichés par l'IMF (intentions),
- L'efficacité des systèmes et des services dans l'achèvement de ces objectifs,
- Les résultats et produits escomptés (par exemple atteindre un grand nombre de clientèles parmi les plus pauvres (portée) et
- Les changements positifs dans les vies des clients (impact).

Dans les travaux antérieurs, la performance sociale a été généralement appréciée par la portée sociale du programme en raison de l'absence d'indicateurs sociaux harmonisés. Les études antérieures omettent ainsi d'autres dimensions constituantes de la performance sociale qui sont essentielles telles que : l'adaptation des services financiers offerts et la mesure de l'impact.

5.2.3.1 Portée sociale des IMF :

Selon Laforcade et al. (2005), est définie comme portée, l'ensemble des efforts qui visent à étendre les services de microfinance aux tranches de la population exclues des systèmes financiers. Schreiner (2002) considère, quant à lui, la portée comme étant les bénéfices sociaux de la microfinance pour les clients pauvres. Jégourel (2008) et Lafourcade et al. (2005) identifient deux dimensions de la portée sociale :

- **L'étendue ou l'amplitude de la portée[25]:** cette première dimension traduit la capacité d'une institution à atteindre un plus grand nombre de clients durant une période donnée, même ceux qui sont relativement moins pauvres (voir Schreiner, 2002 et Brau et Woller, 2004). En effet, le but de l'IMF est de rendre ses services accessibles à un grand nombre de clients, au sein de la cible qu'elle s'est fixée. Lafourcade et al. (2005) spécifient deux mesures de l'étendue du programme : le nombre de clients atteints et le volume des services.
- **La profondeur, le degré ou encore l'échelle de la portée[26]**: cette deuxième dimension mesure la capacité d'une IMF à atteindre les personnes les plus défavorisées. Elle est déterminée par le niveau socio-économique des clients servis. Elle peut être mesurée par des variables comme : la taille de crédits en cours en pourcentage du revenu national brut (RNB) par habitant, le pourcentage de clientèle femmes, le pourcentage des ruraux ou des illettrés, etc.

Au-delà des deux dimensions couramment mentionnées, Schreiner (2002) a proposé six aspects de la portée sociale, à savoir:

- La valeur au client : reflète la richesse du client.
- Le coût au client : reflète les coûts de transaction.
- L'étendue ou l'ampleur de la portée : mesure le nombre de clients desservis.

---

[25] *"breadth of outreach"*

[26] *"depth of outreach"*

- La longueur de la portée : traduit le délai de satisfaction de la demande.
- L'étendue de la portée : mesure le nombre de services offerts.
- La profondeur ou le degré de la portée: mesure la profondeur du ciblage.

Les six aspects ou dimensions définis par Schreiner (2002) permettent de mesurer l'impact socio-économique d'un programme et sont essentiellement orientés vers les clients. Schreiner (2002) conclut toutefois que plusieurs de ces dimensions sont difficiles à mesurer.

5.2.4 Indicateurs de la performance sociale :

La performance sociale est un concept multidimensionnel, sa mesure est à la fois plus large et plus complexe que celle de la performance financière. La performance sociale a été considérée, au début, comme acquise et intrinsèque au mode de fonctionnement de l'IMF. De fait, l'évaluation de la performance des IMF a toujours été appréciée sous un angle économique et financier. La performance sociale a été marginalisée et se limitait à une interprétation rapide des aspects sociaux rencontrés par l'institution. Les bailleurs de fonds, à l'origine de ces évaluations, avaient besoin de s'assurer de la bonne utilisation de fonds, de la performance financière des institutions bénéficiaires des fonds et de l'accroissement du nombre de clients atteints. Néanmoins, l'évaluation de la performance sociale a beaucoup évolué ces dernières années avec le développement des audits sociaux, des ratings sociaux et l'apparition d'indicateurs standardisés.
Avant de présenter les différents outils mis en œuvre pour évaluer la portée sociale, nous allons exposer les indicateurs les plus couramment utilisés. En effet, en raison de l'absence d'indicateurs sociaux harmonisés au niveau mondial, des proxies sont généralement utilisés pour mesurer la portée sociale des IMF en termes d'étendue et de profondeur.

5.2.4.1 Étendue de la portée :

L'étendue ou l'amplitude de la portée est généralement mesurée par le nombre d'emprunteurs ou l'encours brut des crédits. Pour Gutiérrez-Nieto et al. (2009), l'IMF qui octroie des crédits à un grand nombre d'individus, joue un rôle important dans la réduction de la pauvreté. Parmi les autres indicateurs employés pour mesurer l'étendue, on peut citer par exemple : le nombre d'épargnants et d'emprunteurs, le total de l'épargne, l'encours total du portefeuille de l'épargne, le taux de pénétration, le nombre des guichets, les points de services, etc.

5.2.4.2 Profondeur de la portée :

Selon Schreiner (2002), il est difficile de trouver une mesure directe de la profondeur qui reflète le niveau de revenu ou de richesse d'un client. Il existe toutefois des proxys simples et indirects de la profondeur tels que :

- **La taille moyenne du prêt :** le solde ou la taille moyenne du prêt (Encours brut de prêts/ Nombre de prêts en cours) constitue l'indicateur le plus communément utilisé pour mesurer le degré de la portée d'un programme et donc sa capacité à atteindre les plus pauvres (voir Bhatt et Tang, 2001 ; Schreiner, 2002 ; Cull et al., 2007 ; Mersland et Strøm, 2010). Schreiner (2001) définit cet indicateur comme une mesure de l'engagement de l'IMF dans la réduction de la pauvreté. Plus ce montant est faible, plus l'IMF sert les pauvres. L'auteur souligne que les emprunteurs pauvres demandent généralement des prêts de montants plus faibles que les emprunteurs plus aisés ou moins pauvres. Inversement, des prêts de montants plus élevés sont associés à des profits plus importants, mais se traduisent par une faible portée du programme.

  Morduch (2000) souligne que la taille du prêt est de loin la mesure la plus utilisée pour comparer la portée des IMF. Elle reste toutefois une mesure approximative et indirecte.
- **Le ciblage des femmes :** Le ciblage des femmes constitue également un indicateur de la profondeur de la portée des IMF dans la mesure où un prêt accordé aux femmes est plus

valorisé par la société. Plus le nombre de femmes emprunteuses est élevé plus grande sera la portée des IMF. Cull et al. (2007) et Quayes (2012) notent que la majorité des bénéficiaires de la microfinance sont des femmes et, pour cette raison, la portée envers les femmes est prise en compte dans l'évaluation de la portée.

- **Le nombre de groupes :** Nghiem et al. (2006) affirment que dans les zones rurales isolées et rudes d'accès, les personnes sont peu nombreuses et dispersées. Dans ces zones, il est plus difficile pour les membres d'un même groupe de voyager de façon régulière pour assister aux réunions. Selon l'auteur, dans ces zones, le nombre de groupes doit être plus élevé que dans les zones urbaines où la population est plus dense. Dans ce cas, plus le nombre de groupes est élevé, plus grande sera la portée de l'organisation.
- **Ciblage explicite des pauvres :** L'usage de critères de pauvreté pour cibler les pauvres indique que l'IMF est plus orientée envers cette tranche défavorisée de la population. Ainsi, lorsqu'elle utilise des mesures de pauvreté pour cibler les pauvres comme l'outil d'évaluation de la pauvreté ou PAT[27], l'indice de passage du seuil de pauvreté (PPI) de Grammen, etc., la portée sociale serait alors mise en valeur.
- **Le ciblage géographique :** (zones rurales/zones urbaines) : Atteindre les zones rurales est aussi un objectif majeur de la microfinance puisque la pauvreté est concentrée plus particulièrement dans ces zones. Plus le pourcentage de clientèle rurale est grand, plus élevée sera la portée.

5.2.4.3 Faiblesse des proxys :

Selon Paxton (2003), l'utilisation de la taille moyenne du prêt comme mesure de la profondeur de la portée implique une préférence implicite pour les institutions qui offrent des prêts moyens de faibles montants. Certaines activités économiques,

[27] L'outil d'évaluation de la pauvreté ou « *Poverty Assessement Tool* » a été conçu par le CGAP. Il offre une mesure comparée du niveau de pauvreté des clients et des non clients d'une même zone opérationnelle. Cet outil adopte la même méthodologie que celle de l'indice de développement humain(IDH)

telles que le commerce informel par exemple, exigent principalement des prêts de petite taille à des échéances fréquentes de remboursement, alors que d'autres types d'activités comme l'agriculture ou les activités manufacturières exigent des prêts de montants plus élevés. Ainsi, en utilisant ce proxy, les institutions qui ciblent le commerce informel auront une meilleure portée que les institutions ciblant les ruraux pauvres où l'agriculture constitue l'activité la plus dominante.

Dans une étude qui a porté sur 27 IMF de l'Asie du Sud (le Bangladesh, l'Inde et le Myanmar), Sinha et Amit (2005) ont effectué une comparaison entre la taille moyenne des prêts et le niveau de pauvreté des clients. Les résultats ont révélé l'absence de corrélations pour les crédits inférieurs à 100 $(la majorité des IMF dans la région offre de tels crédits). Pour les crédits supérieurs à 100 $, la corrélation est inverse. À l'instar de ces résultats, les auteurs concluent que les clients non pauvres aimeraient bien avoir accès à des prêts de montants plus élevés, mais ne seront pas désintéressés d'accéder à des prêts de faibles montants s'ils sont disponibles. En outre, certaines IMF utilisent de premiers prêts de très faibles montants pour tester le client (et pour que le client teste lui aussi l'IMF) et non pas nécessairement pour cibler les pauvres.

De plus, la taille moyenne des prêts est exprimée en unité monétaire qui peut différer d'un pays à l'autre. Morduch (2000) suggère de diviser la taille moyenne par le Revenu National Brut par habitant (RNB ou PNB produit national brut) pour faire des comparaisons inter-pays. Dans ce cas, la taille moyenne du prêt divisée par le RNB par habitant permet de tenir compte de la variabilité du niveau de revenu entre les pays.

Schreiner (2001) souligne que la mesure la plus appropriée de la profondeur de la portée doit incorporer les six aspects de crédit. Dans ce cas, la prise en compte du caractère multidimensionnel peut conduire à des conclusions différentes. Il affirme toutefois que la mesure de telles dimensions est généralement très difficile.

5.2.4.4 Émergence de nouveaux outils de mesure des performances sociales :

Au cours de ces dernières années, plusieurs outils innovants ont été rendus opérationnels pour l'évaluation de la microfinance. Il s'agit d'outils simples et peu coûteux qui sont complémentaires à l'évaluation financière et qui correspondent à différentes étapes de l'évaluation sociale. Selon le SPTF, il existerait 25 outils pour l'évaluation sociale pouvant être classés en quatre familles principales à savoir :

- Audit de performance sociale
- Rating sociaux
- Évaluation de la pauvreté
- Analyse d'impact

Tableau 1: Outils d'évaluation des performances sociales et leur mode d'utilisation

	Évaluation du processus (intention-actions)	**Évaluation des résultats (effets sur les clients)**
Évaluation à finalité interne	Évaluation des performances sociales : outils SPI Audit social : Quality audit tool du Microfinance Center	Outils d'évaluation de la pauvreté : outils PPI et PAT Évaluation de l'impact opérationnel (outils AIMS-SEEP)
Évaluation à finalité externe	Ratings sociaux Cadre du *Global Reporting Initiative*(GRI) appliqué à la microfinance Approche de la FMO : gestion du risque social et environnemental	Évaluations quantitatives de l'impact de type académique (Poverty Action Lab, Université de Yale, etc.) Combinaisons d'approches quantitatives et qualitatives

Source : Lapenu et al. (2009)

Comme il est indiqué dans le Tableau 1, les deux premières familles évaluent les processus internes des IMF allant des intentions ou des objectifs déclarés aux actions (évaluation interne). Les deux dernières se focalisent plutôt sur les résultats au niveau des clients (évaluation externe).
Lapenu et al. (2009) notent, toutefois, que seulement un nombre raisonnable d'outils peut être retenu pour le secteur de la microfinance. Ils basent leur jugement sur certains critères, à savoir: la liberté d'accès, le fait que l'outil soit spécifique à la microfinance et qu'il soit largement appliqué et reconnu par le secteur.

Chapitre III : Convergence entre la performance sociale et financière des IMF

Considérée autrefois comme une panacée pour aider les non-bancables à sortir de la pauvreté, la microfinance a récemment fait l'objet de lourdes critiques de la part du grand public, des médias et des régulateurs. Les limites du modèle développé par Mohammed Yunus ne sont pas nouvelles à la littérature académique. Les questions de viabilité, d'arbitrage entre les objectifs sociaux et financiers et, plus récemment, d'efficience des IMF ont fait l'objet de recherches approfondies de la part des chercheurs et des praticiens de la microfinance. La littérature portant sur les engouements actuels de la microfinance est, néanmoins, très large en termes d'objectifs, des méthodes et des techniques empiriques appliquées. Dans cette section, nous passons en revue quelques-unes des principales conclusions qui se rapportent à notre problématique. Nous mettons l'accent dans ce chapitre sur la caractéristique essentielle des institutions de microfinance à savoir le « double objectif de résultat ». Cette dualité des objectifs a fait naître deux courants de pensée opposés qui ont marqué l'histoire de la microfinance à savoir : l'approche *"institutionnaliste"* et l'approche *"welfariste"*. Nous présentons, dans une première partie, chacune des deux approches, leurs arguments et leurs points de divergence.

1. Double objectif de résultat des IMF :

Les institutions de microfinance sont caractérisées par un « double objectif de résultat ». Selon Morduch (1999a), chaque IMF, doit veiller à atteindre en parallèle les objectifs de pérennité financière et de portée sociale.

Le point d'équilibre entre les deux objectifs diffère d'une IMF à l'autre. Le plus souvent, une institution se trouve située entre deux extrêmes :

- Certaines institutions mettent l'accent sur l'objectif social en ciblant les personnes pauvres et défavorisées et en s'implantant dans les régions les plus difficiles d'accès.

Pour ces IMF, la recherche de l'autonomie financière est certes désirable, mais non nécessaire.

- D'autres institutions, tout en affichant leur mission sociale, pensent que l'offre des services financiers sur des bases pérennes et solides est une condition nécessaire pour pouvoir gagner la confiance de leurs clients.

Entre ces deux extrêmes ou pôles, se trouve une variété d'IMF (voir Figure 2). Boyé et al. (2006) identifient trois facteurs principaux qui conditionnent le positionnement d'une IMF de part et d'autre du continuum :

- La vision qu'elle se fait de son activité
- La réalité du terrain (notamment celle relative à sa clientèle)
- Les contraintes externes auxquelles elle peut faire face.

Figure 2: Graphique du Continuum

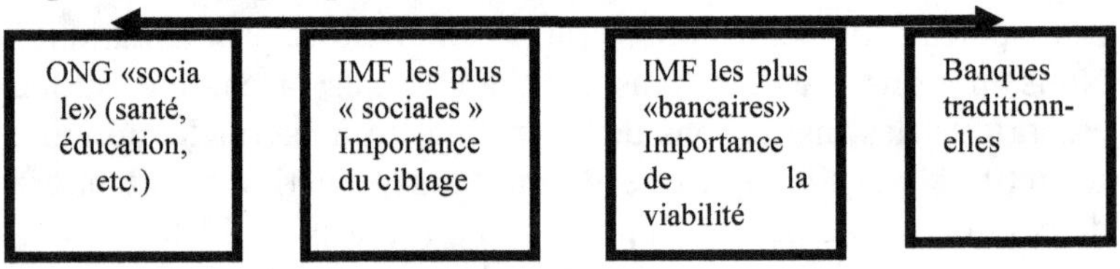

Source : Boyé et al. (2006)

1.1 L'approche "institutionnaliste" :

L'approche "institutionnaliste" ou approche par " les systèmes financiers" inscrit les programmes de microfinance à l'intérieur d'une logique de marché. Développée par Woller et al. (1999), cette approche privilégie la PF et prône l'autonomisation des IMF.

Ce premier courant reçoit l'appui de la banque mondiale et de l'Organisation des Nations Unies. Il vise à améliorer l'accès aux services financiers des personnes exclues du secteur bancaire traditionnel. Pour satisfaire cet objectif, ils prônent la mise en place d'institutions à but lucratif, pérennes et autosuffisantes, au risque de cibler les moins pauvres, voire les plus aisés. En effet, les objectifs de l'approche par les systèmes financiers ne se limitent pas à l'amélioration du bien-être des populations pauvres, ils intègrent également l'accès au crédit et la volonté de pérennisation des IMF. Nous désignons par pérennisation des IMF, l'atteinte de la viabilité financière et institutionnelle des programmes à un horizon temporel fixé par les Nations Unies de 5 à 12 ans. Pour les partisans de cette approche, la microfinance ne doit pas être un créneau spécifique pour le développement et la réduction de la pauvreté. Elle doit être aussi intégrée aux systèmes financiers.

Pour poursuivre leur action, les IMF doivent s'engager dans la voie de la pérennité financière, gérer au mieux leurs coûts et s'autonomiser des subventions. Les partisans de ce courant s'appuient sur les échecs antérieurs des politiques de crédit subventionnées par l'État. Ils jugent que l'autosuffisance financière favoriserait l'émergence d'institutions indépendantes financièrement.

Les tenants de cette approche pensent que la lutte contre la pauvreté se fait à travers la massification des crédits. Une telle volonté nécessite des ressources qui dépassent largement celles fournies par les bailleurs de fonds nationaux et internationaux. Face à la rareté et à l'instabilité de telles ressources, le seul moyen d'obtenir les ressources nécessaires pour intervenir à grande échelle est de recourir à des ressources privées offertes sur le marché (épargne, fonds propres, dettes auprès des établissements financiers et le capital-risque)

Les principales préoccupations des acteurs se sont orientées dès lors vers les questions de pérennité, de performance des systèmes et d'institutionnalisation. Les IMF ont ainsi été évaluées à partir de leur capacité à tendre vers l'autonomie. Des outils d'analyse financière ont ainsi été adaptés. Les performances sociales étaient considérées jusque-là comme acquises. La performance financière est, dans ce cas-ci, privilégiée au détriment d'une réflexion sur l'adéquation entre les services financiers eux-mêmes et leur impact sur les clients.

L'histoire de la microfinance a fait preuve de belles réussites en matière d'institutionnalisation des organismes de microfinance, mais a également été marquée par des échecs fracassants. Ces échecs, parfois réputés, ont nettement tempéré l'enthousiasme

initial et renouvelé les interrogations au sujet des facteurs de leur réussite.
L'approche "institutionnaliste" a soulevé plusieurs critiques, notamment de la part des personnes soucieuses de rester au service des plus démunis. En effet, plusieurs pensent que le mouvement de pérennisation et, à terme, de commercialisation pousse les institutions de microfinance à se positionner sur un segment de « haut de gamme » plutôt que celui où elles se situeraient naturellement. Elles risquent ainsi de s'écarter d'une population plus défavorisée afin d'appliquer les lois du marché. En d'autres termes, la tendance à la commercialisation a écarté les IMF de leur mission initiale à savoir servir « les plus pauvres parmi les pauvres ».
À cet effet, les institutionnalistes ont élaboré un ensemble de « meilleures pratiques » bancaires (« best practices » si on se réfère au terme anglais) désigné par l'approche « gagnant-gagnant » d'une réduction de la pauvreté rentable avancée par Morduch (2000).

1.1.1 Démarche « gagnant-gagnant » :

Cette approche est basée sur l'idée qu'une massification du crédit et une intégration complète du secteur de la microfinance dans le système financier, aura pour conséquence d'éradiquer à terme la pauvreté. Les subventions sont considérées par cette approche comme un frein à cette intégration. Cette démarche « gagnant-gagnant » ou des gains partagés soutient que la microfinance serait rentable tout en s'adressant aux pauvres. Par conséquent, les IMF doivent poursuivre simultanément les objectifs sociaux de développement et de réduction de la pauvreté tout en réalisant des niveaux élevés de rentabilité.
En effet, la croissance et la notoriété d'un certain nombre d'organisations de microfinance dans les pays en développement ont conduit à l'élaboration d'un ensemble de « meilleures pratiques ». Ces pratiques sont en ligne avec l'approche par le système financier (Carr et Tong, 2002). Elles consistent à :

- Considérer les emprunteurs comme des clients et non comme des bénéficiaires ;

- Éliminer la dépendance envers les bailleurs de fonds ou donateurs ;
- Accéder aux marchés des capitaux ;
- Fixer les taux d'intérêt à un niveau élevé pour couvrir l'intégralité de leurs coûts.

Selon cette approche, les IMF qui appliquent les bonnes pratiques bancaires sont aussi celles qui ont le plus d'effet dans la réduction de la pauvreté. Cette approche est basée sur deux idées simples: la première suppose que les pauvres peuvent bénéficier d'un plus grand accès aux services financiers et la deuxième suppose que les institutions peuvent être rentables en servant les plus démunis (Armendariz et Morduch, 2007). Ces bonnes pratiques ont pour but d'améliorer l'efficacité de l'IMF à travers le développement de son système de gestion, de marketing, de livraison des services, de finance et de comptabilité, de transparence, etc. Néanmoins, l'approche qui soutient que l'amélioration de la performance bancaire constitue un gage pour l'amélioration des indicateurs sociaux n'a été que peu testée.
Le principe « gagnant-gagnant » reste fortement contesté et s'est heurté à la réalité des pratiques microfinancières. Il s'est avéré, d'une part, que les IMF à vocation commerciale éprouvent des difficultés à atteindre leur mission sociale. D'autre part, même si elles arrivent à le faire, leur cible est composée généralement de clients marginalement pauvres comme l'a souligné Navajas et al. (1998). Ceci nous amène à nous interroger sur l'accessibilité des services de microfinance pour les personnes pauvres, cible initiale de celle-ci.

1.2 **Approche ''welfariste'' :**

L'approche "welfariste" ou l'approche par "la pauvreté" est promue par les organismes non gouvernementaux. Elle privilégie l'objectif de la lutte contre la pauvreté et voit dans le microcrédit un moyen pour contribuer à l'amélioration des conditions de vie des clients. Elle insiste donc sur l'impact du service de point de vue de ses bénéficiaires. Pour cette approche, il ne s'agit pas de quantifier le nombre des clients

atteints, mais plutôt de s'interroger sur le type des clients ciblés et l'adéquation entre leurs besoins et les services offerts. Les « welfariste » se concentrent davantage sur leur fort engagement vis-à-vis des pauvres et donc sur la profondeur du programme[28] et l'impact de la microfinance sur le bien-être des populations.
Pour les tenants de cette approche, une IMF doit cibler obstinément les plus pauvres parmi les pauvres, quels que soient les coûts à endurer. Alors que la première approche prône l'indépendance financière, les partisans de cette approche plaident plutôt en faveur du subventionnement. Ils soutiennent que l'autonomie financière est certes désirable, mais non indispensable (Woller et al., 1999).
Le débat entre "welfaristes" et "institutionnalistes" n'est pas encore conclu, toutefois, il semble y avoir une tendance générale à privilégier la première approche. En effet, pour perdurer et garantir une grande portée (servir un plus grand nombre de pauvres), ces institutions doivent développer la capacité de compter sur leurs propres moyens pour se financer.

1.3 **« Schisme » de la microfinance :**

L'opposition entre l'approche "welfariste" et "institutionnalistes" a été qualifiée par Morduch (1999a) de "microfinance-schisme". Ce schisme s'étend également aux méthodes d'évaluation auxquelles recourent les partisans de chacune des deux approches. Le débat se focalise essentiellement sur l'arbitrage entre :

- Rentabilité pour garantir la pérennité financière et être capable d'attirer des capitaux privés
- Et le ciblage des pauvres

Schreiner (2002) soutient que la majorité des praticiens s'accordent sur le fait que l'objectif ultime de la microfinance est l'amélioration du bien-être des pauvres, mais diffèrent sensiblement sur la meilleure façon de le faire. En d'autres termes, sur la manière dont cet objectif doit être atteint. Dans la même lignée, Rhyne (1998) souligne que les acteurs de la

---

[28] Cibler les plus pauvres parmi les pauvres

microfinance partagent un objectif fondamental, celui de fournir des services de crédit et d'épargne à des milliers, voire des millions de personnes pauvres de manière durable. Selon elle, ils veulent tous atteindre les pauvres et pensent que la pérennité est importante. Le débat ne porte pas sur les deux objectifs, mais plutôt sur l'importance mitigée accordée à ceux-ci et l'effet d'un éventuel arbitrage entre les deux.

2. Dilemme « subvention ou dérive de la mission » :

S'interroger sur l'existence d'arbitrage entre viabilité financière et portée aux pauvres revient à chercher si les IMF sont enfermées dans un dilemme « subvention » ou « dérive commerciale ». C'est ce que nous allons essayer d'éclaircir dans ce qui suit. Ce dilemme a été introduit pour la première fois par Guérin (1999) et le CGAP (2001). Ces derniers soulignent que la tension permanente entre rentabilité et ciblage des pauvres a conduit à deux types de dérives : la dépendance aux subventions et les dérives de commercialisation ou de marchandisation.

2.1 Subventions et financement des IMF :

Selon Armendariz et Morduch (2007), deux idées simples ont largement inspiré le mouvement de la microfinance :

- Les ménages pauvres peuvent bénéficier d'un meilleur accès aux services financiers.
- Les institutions peuvent être rentables tout en servant une clientèle pauvre.

La microfinance s'est, dès lors, présentée comme une nouvelle stratégie basée sur le marché pour la réduction de la pauvreté. Force est de constater, aujourd'hui, que la microfinance continue paradoxalement à être alimentée par des centaines de millions de dollars de subventions. Au cours des 20 dernières années, la microfinance a attiré un remarquable montant de 1 milliard de dollars par an de subventions publiques et privées (CGAP, 2005).

Malgré le succès notable de certaines IMF, moins de 5% des IMF sont opérationnellement viables, tandis que les 95% restantes sont encore dépendantes des subventions pour couvrir leurs coûts et financer leurs prêts (Hudon et Traca, 2011). Armendariz et Morduch (2007) affirment que plusieurs IMF continuent à bénéficier de subventions de la part des bailleurs de fonds privés, du gouvernement et de certains organismes de charité.

- *Nous concluons donc que, d'une part, il est possible de servir les plus démunis tout en couvrant la totalité des coûts. D'autre part, la norme reste le subventionnement.*

Morduch (1999b) attribue une grande partie du succès de la microfinance à la continuité des subventions. Afin d'encourager le développement des secteurs financiers inclusifs, les bailleurs de fonds ont appuyé la majorité des programmes. De ce point de vue, les subventions sont nécessaires pour atteindre l'objectif social dans la mesure où le ciblage des personnes pauvres ne peut se faire sans recourir à l'aide extérieure. Cette aide est d'autant plus importante pendant la phase de démarrage du programme. Il est généralement admis que le subventionnement externe n'est justifié que pendant cette phase. Grâce aux économies d'échelle et à l'expérience acquise par l'IMF, les coûts vont diminuer et les programmes seront alors capables de s'autonomiser. Une fois libérées des subventions, les institutions vont pouvoir se développer sans le soutien des bailleurs de fonds.

Selon Diop et al. (2007), l'argument principal avancé par les IMF qui sont à la recherche de subventions, au-delà de la phase de démarrage, est l'arbitrage qu'ils estiment exister entre la performance sociale et la performance financière.

Certains spécialistes s'opposent vivement au subventionnement des IMF et pensent qu'un subventionnement excessif peut freiner la promesse de la microfinance d'offrir des services financiers aux plus pauvres de façon durable. Parmi les arguments avancés par Djadé (2009), on peut citer :

- **Le risque de défaillance des bailleurs de fonds :** dans ce cas, les IMF qui dépendent des subventions seront à court de ressources en pleine activité.
- **Diminution des dons accordés :** les bailleurs de fonds peuvent diminuer les dons, causant ainsi la limitation de la capacité des institutions.
- **Source d'inefficacité des IMF :** Cette conviction repose sur l'idée que l'absence de recherche de profit ne motiverait pas les managers à rendre plus efficiente l'IMF. Morduch (1999b) souligne toutefois que l'efficience n'implique pas la maximisation des profits, mais plutôt l'application de contraintes budgétaires strictes.
- **Les limites des crédits subventionnés :** une raison souvent évoquée serait l'échec dans le passé des crédits subventionnés.
- **Les subventions sont contre-productives :** Djadé (2009) souligne que le subventionnement peut nuire, non seulement aux IMF qui bénéficient des dons, mais également aux institutions non subventionnées. C'est le cas lorsque les emprunteurs risqués vont se tourner vers les IMF subventionnées offrant des taux d'intérêt plus faibles. Les institutions non subventionnées, en raison de la baisse de l'activité de crédit et des coûts fixes qu'elles supportent, vont voir leur rentabilité diminuer. Face à cette situation, ces dernières peuvent augmenter les taux d'intérêt afin de compenser les coûts fixes, chose qui peut évincer les agents moins risqués.
    - ➢ *La question de la nécessité ou non des subventions dans le financement des IMF est assez sensible. Selon Armendariz et Morduch (2007), les études portant sur le sujet sont rares et manquent de rigueur. Les deux auteurs soutiennent que si le subventionnement est employé de façon stratégique, il peut avoir des effets positifs sur l'activité des IMF.*

2.2 Commercialisation de la microfinance et risque de dérive :

La commercialisation accrue de la microfinance constitue une tendance générale du secteur depuis une quinzaine d'années. L'approche commerciale s'est imposée comme étant une meilleure voie pour le développement de la microfinance. Elle est perçue comme une orientation plus lucrative des activités des IMF. Elle traduit la volonté d'une institution à couvrir l'ensemble de ses coûts et générer un profit. Halpern (2000) définit la commercialisation comme étant l'application des principes du marché afin de garantir la viabilité à long terme.

La commercialisation se matérialise par la transformation des ONG à but non lucratif en institutions réglementées ou l'entrée des acteurs commerciaux dans le secteur. Le terme « transformation » en microfinance désigne un processus à travers lequel une organisation à but non lucratif se transforme en une institution financière réglementée ou agréée. Cette dernière peut avoir le statut d'une banque ou autre type d'institution financière ou alors se doter d'un agrément spécial (CGAP, 2001). Pour ce deuxième cas, l'agrément que reçoit l'IMF s'inscrit dans un cadre législatif spécifique distinct de la loi bancaire générale.

Le CGAP (2001) définit trois éléments clés d'une approche commerciale de la microfinance à savoir : la rentabilité, la concurrence et la réglementation.

La commercialisation se définit en premier lieu par le niveau élevé des performances financières. En Amérique latine, les institutions qui ont adopté une approche commerciale sont devenues, non seulement plus rentables que les autres IMF, mais ont aussi dépassé, dans certains cas, la rentabilité des banques traditionnelles.

En second lieu, une fois que les IMF se commercialisent, l'environnement devient marqué par une concurrence élevée, parfois même rude. En effet, les bénéfices élevés enregistrés par les ONG pionnières qui se sont transformées vont entrainer les autres IMF à suivre leur exemple. Pour le cas de l'Amérique latine, la concurrence est devenue rude entre les nombreuses institutions qui desservent un groupe cible commun. Ceci a

conduit à la saturation de certains marchés. Dans d'autres pays comme la Bolivie, la concurrence acharnée, à conduit à l'apparition de pratiques prédatrices de la part des IMF. Ces pratiques ont engendré le surendettement des clients et la dégradation de la qualité des portefeuilles de prêts.
Selon Vanroose et D'Espallier (2009), le niveau de commercialisation varie d'une région à l'autre. La région de l'Amérique latine et les Caraïbes (ALC), en particulier, a connu une progression rapide de la commercialisation plus que n'importe quelle autre région au monde.
Après avoir introduit l'approche commerciale en microfinance, nous essayons dans ce qui suit de savoir :

- Si la commercialisation contribue à lutter plus efficacement contre la pauvreté.
- Si la microfinance doit se commercialiser au risque d'être détournée de ses objectifs initiaux.

2.2.1 Les enjeux de la commercialisation :

Plusieurs praticiens pensent que l'offre de produits financiers de qualité aux populations démunies passe par la commercialisation de la microfinance. Ceci se justifie par le fait que celle-ci peut encourager le développement des nouveaux produits financiers adaptés, permettre une bonne couverture géographique et faire bénéficier des économies d'échelle. D'autres praticiens croient que la recherche de profit entraîne l'abandon de la clientèle pauvre au profit d'une clientèle plus aisée, ce qui constitue une dérive de la mission principale des IMF, à savoir servir les pauvres parmi les pauvres.

2.2.1.1 Avantages de la commercialisation :

Les pouvoirs publics et les acteurs de la coopération internationale recourent généralement à cinq arguments pour justifier l'adoption d'une approche commerciale par les IMF (Labie et Mees, 2005):

- Engendrer une croissance forte du secteur en incluant dans l'activité économique plus de personnes exclues. Si une IMF parvient à être autonome et pérenne, elle pourra avoir

accès plus aisément aux marchés de capitaux et mobiliser l'épargne puisqu'elle ne peut plus être considérée comme risquée. Rappelons que les IMF sont souvent confrontées à une réglementation stricte leur interdisant la mobilisation de l'épargne sous prétexte qu'elles ne répondent pas aux critères de sécurité énoncés par les autorités réglementaires nationales (Wright et Mutesasira, 2001). En considérant la demande non encore satisfaite de la microfinance, ce premier avantage peut constituer un atout essentiel de la commercialisation.
- Démocratisation de l'accès au financement.
- Diminution de la dépendance aux subventions.
- Encouragement de l'innovation à travers la conception de nouveaux produits.

2.2.1.2 Inconvénients de la commercialisation :

Labie et Mees (2005) recensent quatre principaux inconvénients de la commercialisation, à savoir :
- Le risque d'évincer certains bénéficiaires, plus particulièrement les plus pauvres.
- La tendance à généraliser un seul type de «meilleures pratiques» au détriment d'une adaptation adéquate des services.
- L'application d'une tarification excessive, notamment dans le cas d'un monopole ou oligopole.
- Le risque d'une concurrence malsaine qui pourra faire dévier la microfinance de ses objectifs, missions et procédures d'origine. Les auteurs notent toutefois qu'une concurrence saine peut conduire alors à une amélioration de la qualité et des prix des services offerts, à condition que cette dernière soit supervisée et régulée dans un cadre adapté et vigilant. Soulignons à ce niveau que la crise qui a frappé le secteur de la microfinance en Inde a été causée par les efforts accrus de commercialisation du secteur. D'ailleurs, la croissance rapide du secteur de la microfinance, suite à sa commercialisation, a constitué le point commun des crises qui l'ont frappé.

Par ailleurs, les sources de financement des IMF sont assez restreintes. Ainsi, face à la rareté des subventions, les IMF sont de plus en plus contraintes de faire appel à des ressources financières externes. Noël et Ayayi (2009) notent que le recours à de telles ressources n'est pas sans conséquence pour les IMF. Les acteurs privés exigent généralement l'atteinte d'une rentabilité minimale, laquelle nécessite une reformulation des modes de management et une redéfinition de l'activité des IMF.

2.2.1.3 **Dérive de la mission des IMF :**

La dérive de la mission des IMF est définie par Cull et al. (2007) comme le changement dans la composition des nouveaux clients ou la réorientation des IMF des clients pauvres vers des clients plus aisés. Pour Kumar Kar (2013), cette dérive se traduit généralement par l'octroi de prêts de montants plus importants pendant la phase de l'expansion de l'IMF. La taille moyenne du prêt a été ainsi largement utilisée en tant qu'indicateur de la dérive de la mission (Schreiner, 2002 et Mersland et Strøm, 2010). Cependant, l'augmentation de la taille moyenne du prêt n'implique pas nécessairement une dérive dans la mission. D'autres raisons peuvent justifier cette augmentation telles que : la pratique de prêts progressifs et les subventions croisées. Dans le premier cas, les clients qui ont remboursé de façon régulière leurs prêts et qui sont capables de supporter des crédits de montants plus élevés peuvent avoir le droit à un renouvellement. C'est d'ailleurs une des formes d'incitations positives pratiquées par les IMF. Dans une étude du cas de Boncosol en Bolivie, Gonzalez-Vega et al. (1996) remarquent que l'augmentation du montant du prêt ne reflétait pas un changement dans l'orientation du groupe cible. Elle est plutôt due à une meilleure connaissance des clients et de leurs besoins.

Les subventions croisées se réfèrent, quant à elles, à la situation où les profits générés par les emprunteurs les plus aisés, généralement ceux qui sont servis par des prêts plus importants, servent de subsides pour couvrir les pertes engendrées par les emprunteurs pauvres (notamment ceux servis par des prêts de faibles montants).

Armendaritz et Szafarz (2009) offrent une définition plus précise de la dérive de la mission : c'est l'augmentation du montant moyen du prêt et/ou le ciblage des clients plus aisés pour des raisons autres que les prêts progressifs et les subventions croisées.
En étudiant l'évolution de la taille moyenne du prêt, Mersland et Strøm (2010) concluent qu'une IMF doit augmenter son efficience pour pouvoir offrir des prêts de faibles montants. Ils affirment que les coûts jouent un rôle crucial dans l'évaluation de la dérive de la mission. Ils signalent que la taille du prêt peut augmenter, suite à une gestion inefficace de l'organisation et non à un détournement de l'IMF des clients pauvres.
Selon Mersland et Strøm (2010), la tendance des IMF à utiliser la pratique de prêt individuel à la place de prêt de groupe peut constituer aussi une dérive de la mission des IMF, dans la mesure où les prêts de groupe ne requièrent pas de garantie et sont nécessaires pour atteindre les plus pauvres. Atteindre les zones rurales est aussi un objectif majeur de la microfinance puisque la pauvreté est concentrée plus particulièrement dans ces zones. On parle dans ce cas de dérive de la mission des IMF lorsque la clientèle urbaine devient relativement plus importante. Mosley (1996) et Schreiner (2002) suggèrent l'utilisation du pourcentage des femmes emprunteuses. Un nombre faible de femmes parmi les clients peut constituer une dérive à la mission initiale dans la mesure où le ciblage de ces dernières a été considéré comme une priorité.
Selon Serrano-Cinca et Gutiérrez-Nieto (2014), la mission de la majorité des IMF consiste à prêter aux personnes pauvres, à servir la population rurale ou à contribuer à l'autonomisation des femmes. Il existe, de ce fait, plusieurs manières de faire dérive à leur mission. Ils citent l'exemple de l'utilisation par certaines IMF de pratiques abusives pour obliger leurs clients à payer ou en fixant des taux d'intérêt à des niveaux élevés proches des taux usuriers. Jones (2007) indique que la façon la plus commune est de ne pas prêter réellement aux personnes pauvres. Pour Ghosh et Van Tassel (2008), la mesure la plus appropriée est le ratio d'écart de pauvreté. Ils soulignent toutefois la difficulté d'obtenir un tel ratio. Shreiner (2010) crée, quant à lui, une grille de scores de pauvreté, qui permet la

catégorisation des personnes pauvres dans les différents pays. Cette grille permet aux officiers de crédit d'évaluer le niveau de pauvreté des candidats à partir d'un ensemble d'indicateurs ajustés pour chaque pays. Cette procédure requiert le remplissage d'une carte de scores pour chaque appliquant.

3. Relation entre performance sociale(PS) et performance financière(PF) des entreprises :

Le débat sur la nature de la relation entre la performance sociale et financière n'est pas spécifique à la microfinance, il est antérieur même à l'émergence de celle-ci. La particularité du débat dans le contexte de la microfinance revient à la double vocation sociale et financière des IMF. Les autres entreprises poursuivent uniquement l'un des deux objectifs.
Nous tentons dans cette partie de présenter les arguments théoriques qui pourraient justifier la nature de la relation qui existe entre PF et PS dans un cadre général, pour aborder, par la suite, le cas particulier du secteur de la microfinance.

3.1 Cadre théorique :

Selon Gond (2001), le débat entre PS et PF remonte aux premières réflexions sur la RSE. Les premiers auteurs à avoir théorisé et critiqué la notion de RSE se sont aussi interrogés sur les conditions de viabilité économique d'une telle notion (Bowen, 1953). D'ailleurs, dans les travaux de Vogel (2005), le regain d'intérêt à la notion de RSE, aussi bien en Europe qu'aux États-Unis, s'est accompagné par un discours et une rhétorique se focalisant quasi exclusivement sur l'impact financier et économique des actions de la RSE. Selon Gond (2001), ces actions étaient supposées positives.
Le travail le plus cité dans la littérature traitant de la relation entre PF et PS (appelée aussi sociétale dans certains travaux) est celui de Peterson et O'Bannon (1997). Les auteurs ont essayé de formaliser les différentes hypothèses relatives aux liens possibles entre les deux types de performance. Ils soulignent que l'étude d'une telle relation nécessite la prise en compte de deux dimensions: le signe et le sens. Pour ce qui est du signe,

nous devons savoir si la relation entre les deux types de performance est positive, négative ou s'il n'existe aucune relation entre les deux (relation neutre). Si l'existence d'une relation est vérifiée, il faut chercher à déterminer son sens (causalité). Pour le lien de causalité, on doit savoir si la PF influence la PS, ou si c'est la PS qui détermine la PF ou alors si l'influence est réciproque (dans les deux sens). Bourbonnais (2005) affirme que connaître le sens de causalité est aussi important que de mettre en évidence une liaison entre les deux variables. La combinaison de ces deux dimensions nous donne six typologies de liens possibles. Peterson et O'Bannon (1997) récapitulent dans le tableau suivant les principales hypothèses théoriques ayant été l'objet de tentatives empiriques pour leur validation.

Tableau 2: Typologie des liens possibles entre performance sociale (PS) et performance financière (PF)

Sens de Causalité	**Signe de la relation**	
	Positive	**Négative**
PS→ PF	(1)Hypothèse de l'impact social ou du bon « management »	(3) Hypothèse de l'arbitrage
PF→ PS	(2)Hypothèse des fonds disponibles ou du « slack organisationnel »	(4) Hypothèse de l'opportunisme
PS ←→ PF	(3)Synergie positive	(6) Synergie négative

Source : Peterson et O'Bannon(1997)

Nous analysons dans ce qui suit les différentes hypothèses émises, en se référant aux travaux de Peterson et O'Bannon (1997).

3.1.1 Association positive :

Deux modèles théoriques soutiennent l'existence d'une relation positive entre la PF et la PS des entreprises à savoir : l'hypothèse *(1) de l'impact social et l'hypothèse (2) «des fonds disponibles» ou «slack organisationnel».* Ainsi, plus une entreprise est performante sur le plan social, plus elle l'est sur le plan économique et financier et vice-versa.

> *Hypothèse(1)* de « *l'impact social* »: *un niveau élevé (faible) de performance sociale conduit à un niveau élevé (faible) de performance financière.*

L'hypothèse de « l'impact social » est basée sur la théorie des parties prenantes (ou «*stakeholder theory*») qui suggère que la satisfaction de l'ensemble des acteurs de l'entreprise et non seulement la maximisation des profits pour les actionnaires est de nature à favoriser la PF (Freeman, 1984). Selon cette hypothèse, la satisfaction des demandes implicites des parties prenantes[29] renforce la réputation de l'entreprise, de manière à avoir un impact positif sur sa performance financière.

Certains adhérents de la théorie des parties prenantes pensent qu'une performance sociale favorable qui se forge à travers la satisfaction des dirigeants de l'entreprise de l'ensemble des parties prenantes va lui permettre d'améliorer son image et sa réputation et, par voie de conséquence, sa performance financière. Inversement, décevoir ces groupes peut avoir un impact financier négatif.

Ainsi, la réputation externe (favorable ou non) se développe en premier lieu, et par la suite les résultats financiers vont se faire ressentir.

> *Hypothèse(2)* des « fonds disponibles » ou «*slack organisationnel* » : *un niveau élevé (faible) de performance financière conduit à un niveau élevé (faible) de performance sociale.*

Cette hypothèse suppose également l'existence d'un lien positif. Dans ce deuxième cas, c'est la performance financière qui influence la performance sociale et non l'inverse *(hypothèse 1).* En ce sens que ce n'est pas la responsabilité sociale qui conditionne l'obtention d'une meilleure performance financière, mais c'est plutôt un niveau élevé de performance financière qui va permettre à l'entreprise de s'engager dans des actions socialement responsables (Peterson et O'Bannon, 1997). Cette

---

[29] Les parties prenantes sont définies par Freeman (1984) comme «tout groupe d'individus qui peut affecter ou qui peut être affecté par la réalisation des objectifs de l'entreprise ».

hypothèse prédit qu'une meilleure PF permet à l'entreprise de disposer de ressources supplémentaires, ce qui peut accroitre la possibilité d'investir dans les actions socialement responsables telles que : les communautés et sociétés, les relations employés ou l'environnement (Waddock et Graves, 1997). Kraft et Hage (1990)[30] soulignent à cet égard que l'excédent des ressources mises à la disposition discrétionnaire des dirigeants et l'attitude de ces derniers exercent une forte influence sur la RSE.

3.1.2 Association négative ou d'arbitrage :

Contrairement aux hypothèses (1) et (2), les hypothèses (3) et (4) supposent une relation négative entre la PF et la PS. Les entreprises qui enregistrent les meilleurs PS sont aussi celles qui ont les PF les plus mauvaises, et inversement. Comme dans le premier cas, les deux hypothèses se distinguent par le sens de la causalité. Elles dérivent de la position des économistes néo-classiques qui soutiennent qu'un comportement socialement responsable ne produit qu'un faible avantage économique à l'entreprise. Ils supposent que les nombreux coûts liés à la mission sociale vont réduire les profits et la richesse des actionnaires (Waddock et Graves, 1997).

> *L'hypothèse (3) d'arbitrage : un niveau de performance sociale élevé (faible) conduit à un niveau de performance financière faible (élevé).*

Cette hypothèse suppose que l'accomplissement de la mission sociale nécessite des coûts financiers supplémentaires, provoquant en conséquence un désavantage compétitif par rapport aux autres entreprises qui sont moins actives sur le plan social (Friedman, 1962 et 1970)[31]. Ainsi, toute initiative socialement responsable (par exemple : charité, protection de l'environnement, développement social...) va constituer une dérive à l'objectif de maximisation du profit.

> *L'hypothèse (4) « d'opportunisme du manager » : un niveau de performance financière élevé (faible) conduit à un niveau de performance sociale faible (élevé).*

---

[30] Cité dans Allouche et Laroche (2005a)

[31] Cité dans Allouche et Laroche (2005a) et Peterson et O'Bannon (1997)

Peterson et O'Bannon (1997) soulignent que les dirigeants poursuivent généralement leurs propres objectifs, même au détriment des actionnaires et des autres parties prenantes. Ils mettent en avant leurs intérêts, surtout lorsqu'ils sont en contradiction avec ceux des parties prenantes. Les auteurs montrent que lorsque la performance financière est élevée, les managers vont essayer de réduire leurs dépenses sociales afin de récupérer le maximum de profit, lésant ainsi les parties prenantes. En revanche, lorsque les résultats financiers sont insuffisants, les managers ont plutôt tendance à se racheter et à se justifier en investissant davantage dans des actions sociales.

3.1.3 Synergies positives ou négatives :

À l'encontre des *hypothèses (1) à (4),* Peterson et O'Bannon (1997) n'étaient pas très explicites à l'explication des *hypothèses (5) et (6).* Ces deux dernières hypothèses envisagent l'existence de synergies, positives ou négatives, entre les PS et PF.

> *Hypothèse(5) : un niveau élevé de PS conduit à une amélioration de la PF chose qui offre la possibilité de réinvestir dans les actions socialement responsables.*

Pour *l'hypothèse (5)* de synergie positive : un niveau élevé de performance sociale conduit à une amélioration de la performance financière, ce qui offre la possibilité de réinvestir le surplus ainsi dégagé dans des actions socialement responsables. En effet, une PS favorable résulte d'un excédent de fonds disponibles (hypothèse (1) de « l'impact social ») qui sera réaffecté, en partie, aux différentes parties prenantes (hypothèse (2) « de fonds disponibles »). Waddock et Graves (1997) notent qu'il est possible, dans ce cas, d'envisager l'existence d'une relation simultanée et interactive positive entre la PS et la PF, formant un cercle vertueux.

> *Hypothèse(6) : un faible niveau de PS conduit à une diminution de la PF et limite par conséquent les investissements socialement responsables.*

À l'opposé, *l'hypothèse (6)* de synergie négative suppose qu'un niveau élevé de performance sociale conduit à une diminution de la performance financière, ce qui peut limiter les

investissements socialement responsables. Il s'agit dans ce cas d'une relation simultanée et interactive négative entre la PS et la PF formant un cercle vicieux.
Aux six hypothèses avancées par Peterson et O'Bannon (1997), s'ajoutent deux autres hypothèses : une hypothèse de neutralité des interactions (hypothèse (7) de Gond (2001) et une autre hypothèse de liens plus complexes (hypothèse (8) de Moore, 2001).

3.1.4 Association neutre et corrélation compliquée :

Le rejet des hypothèses (1) à (6) conduit à conclure à une relation neutre entre la PS et la PF. Dans ce cas, il n'existe aucun lien, qu'il soit positif ou négatif entre les PS et PF. Les tenants de cette approche argumentent qu'il existe tellement de variables entre les deux niveaux de performance au point de ne s'attendre à aucune relation entre les deux (Ullmann, 1985). L'absence de relation pourrait être liée aussi aux problèmes de mesures, ou encore à la complexité des relations envisagées (Moore, 2001).
Ullmann (1985) insinue l'absence totale de schéma conceptuel pouvant expliquer la nature des liens qui peuvent exister entre la PS et la PF et avance l'absence même des raisons pour lesquelles les deux performances devraient être liées.

3.2 **Revue de la littérature empirique :**

Plusieurs travaux ont analysé la nature de la relation entre la PS et la PF des entreprises, mais les résultats se révèlent contradictoires. Certains travaux ont trouvé une corrélation positive alors que d'autres ont mis en évidence l'existence de corrélation négative. D'autres n'ont encore trouvé aucune corrélation. Face à la divergence des résultats, plusieurs experts estiment qu'il ne faut plus attacher autant d'importance à la recherche d'une réponse définitive.
Parmi les raisons évoquées pour expliquer cette divergence: la difficulté et la complexité d'évaluation de la PS et la diversité des mesures ou d'indicateurs employés à cet effet (voir Waddock et Graves, 1997 ; Carroll, 2000 ; Mattingly et

Berman, 2006, parmi d'autres). Allouche et Laroche (2005a) notent que de plus en plus de travaux s'intéressent à l'étude de la relation entre la PS et la PF des entreprises avec un rythme de parution accéléré. Toutefois, malgré l'affluence des travaux, les résultats contradictoires ne permettent pas d'établir clairement la nature de la relation entre les deux types de performance.

Wood et Jones (1985)[32] montrent que la majorité des travaux se sont basés sur des présuppositions erronées en reliant n'importe quelle mesure de PS à une mesure quelconque de PF. Comme cas de relations inappropriées, les auteurs citent l'exemple des études qui ont essayé de montrer que le pourcentage de contributions charitables avant taxes est lié aux mesures de retour sur l'investissement. Selon ces auteurs, ces études supposent que l'impact des dons sur les résultats était certain et observable, ce qui n'est pas le cas. Les auteurs concluent qu'il est indispensable que les variables endogènes et exogènes du modèle soient correctement reliées dans un cadre conceptuel liant spécifiquement les actions des différentes parties prenantes aux mesures de performances de l'entreprise.

Des études plus récentes ont tenté de spécifier la relation entre la PS et la PF, en adoptant des méthodologies plus sophistiquées. Certains ont essayé, par exemple, de montrer que les entreprises les mieux classées selon l'indice Fortune des entreprises les « plus admirées », sont celles aussi qui sont les plus performantes. Ces études ont été vivement critiquées dans la mesure où le classement selon l'indice Fortune est réalisé par des analystes financiers et peut donc constituer un « biais financier ».

Bien que les résultats empiriques portant sur la nature de la relation entre la PS et la PF continue d'être mitigés, la majorité des études ont trouvé une relation positive. La tendance à privilégier l'hypothèse de liens positifs entre PF et PS a été supportée subséquemment par des méta-analyses (parmi d'autres: Allouche et Laroche, 2005b; Orlitzky et al., 2003 ; Wu, 2006).

Saulquin et Schier (2007) notent toutefois qu'il n'a pas encore été prouvé qu'être socialement responsable est un gage de

---

32 Cité dans Trembly et Roland (2004)

meilleurs résultats à long terme. En se référant aux travaux de synthèse de Margolis et Walsh (2003) et d'Orlitzky et al. (2003), ils soulignent que ces études montrent que la relation entre RSE et PF n'est que légèrement positive, avec 51 études portant sur 122 observations identifiant un lien strictement positif. Les méthodologies et les résultats obtenus seraient incohérents concernant le choix de l'échantillon, la mesure des variables testées et les relations de causalité.
Une étude récente de Barnett et Salomon (2012) a porté sur un échantillon de 1214 entreprises appartenant toutes aux indices S&P 500 et Russell 3000, sur la période 1998-2008. Comme mesure de la PF de l'entreprise, ils ont utilisé le bénéfice net et le rendement de l'actif. La PS était déterminée à partir des données de l'agence de rating américaine KLD. Cette agence évalue les entreprises à partir de 13 critères de développement durable[33].
Les résultats révèlent l'existence d'une relation en forme de U. Ils montrent que les entreprises, affichant des résultats faibles ou élevés en termes de PS, ont tendance à réaliser les meilleures performances financières. Les entreprises qui réalisent les meilleures performances sociales sont aussi celles qui affichent les meilleurs résultats en termes de bénéfice net et de rendement de l'actif. Les organisations les plus rentables sont donc celles qui témoignent du plus grand engagement à l'égard de la responsabilité sociale. Les entreprises présentant des niveaux modérés de PS, affichent la plus faible PF. Ce sont les entreprises situées dans le creux de la courbe.
La conclusion la plus importante à laquelle sont arrivés Barnett et Salomon (2012) est que Friedman et ses opposants avaient tous raisons. La divergence des résultats provient du fait que les recherches antérieures ont tout simplement porté sur des entreprises qui se situaient à différents points de la courbe.
D'autres voies de recherche ont porté plutôt sur la relation de causalité entre PF et PS, utilisant des techniques statistiques

[33] La notion de développement durable a été introduite en 1987 dans le rapport Brundtland de l'ONU et consiste à « répondre aux besoins du présent sans compromettre la possibilité pour les générations à venir de satisfaire les leurs ».

traditionnelles à l'exemple des travaux de Waddock et Graves (1997) et Hillman et Keim (2001) qui ont trouvé une synergie positive, mettant ainsi en évidence l'existence d'un cercle vertueux entre PS et PF.

4. Relation entre performance sociale et performance financière des institutions de microfinance :

Nous analysons dans cette section la nature de la relation entre la PS et la PF dans le cadre particulier du secteur de la microfinance.

4.1 Cadre théorique :

L'industrie de la microfinance s'est longtemps interrogée sur l'existence d'arbitrage entre les objectifs financiers et sociaux. Les IMF s'efforcent d'atteindre une croissance rapide, servir un plus grand nombre de clients, améliorer la qualité de leur portefeuille de crédit et devenir financièrement autonomes. En raison de leur double vocation, celles-ci doivent également s'assurer d'accomplir des objectifs de développement (entre autres : émancipation des femmes, garantir l'accès aux services financiers aux populations rurales, responsabilité sociale envers les clients).
Toutefois, ces objectifs ont soulevé plusieurs critiques au niveau international. Plusieurs se sont interrogés sur la population réellement touchée et le rôle joué par les IMF dans la réalisation des objectifs de développement du millénaire affichés par les Nations unies[34]. Plus particulièrement l'objectif

---

[34] Les objectifs pour le développement à l'horizon 2015 étaient au nombre de 8 :

1. Réduire l'extrême pauvreté et la faim
2. Assurer l'éducation primaire pour tous
3. Promouvoir l'égalité des sexes et l'autonomisation des femmes
4. Réduire la mortalité infantile
5. Améliorer la santé maternelle
6. Combattre le VIH/sida, le paludisme et d'autres maladies
7. Préserver l'environnement
8. Mettre en place un partenariat mondial pour le développement

de réduction à moitié de la pauvreté absolue en 2015[35]. Les interrogations ont aussi porté sur la capacité des IMF à atteindre simultanément les deux objectifs et les risques potentiels de dérive de leur mission face à la commercialisation accrue du secteur.

Rappelons que la microfinance se trouve désormais partagée entre deux approches extrêmes à savoir l'approche "institutionnaliste" et l'approche "welfariste". Les partisans de la première approche affirment qu'il n'existe aucun compromis entre la portée sociale et la viabilité financière. En ce sens, la portée pourrait être atteinte en même temps que la viabilité. Ces derniers soutiennent que l'autonomie financière assurera la viabilité des opérations des IMF et leur permettra à long terme d'offrir des services financiers à grande échelle aux pauvres tranches de la population. L'atteinte de la viabilité va ainsi permettre de s'affranchir des contraintes imposées par les donateurs et d'augmenter la profondeur et l'étendue de la portée.

En outre, en adoptant une telle approche, les IMF peuvent se développer, réduire le coût des transactions, minimiser les risques et maximiser les chances d'atteindre les personnes pauvres.

- *Par conséquent, l'objectif de l'atteinte de la viabilité financière n'est pas contradictoire avec l'objectif principal de l'IMF qui est d'atteindre les plus pauvres parmi les pauvres et suppose donc la complémentarité entre les deux objectifs social et financier (hypothèse 1).*

Les partisans de l'approche « welfariste » préconisent par contre l'existence d'un arbitrage entre les deux objectifs. Les IMF qui veulent atteindre la viabilité financière vont privilégier la performance financière sur le ciblage des personnes pauvres. Hermes et al. (2011) affirment que les IMF qui sont à la recherche de la profitabilité vont cibler les clients les plus riches ou moins aisés, au détriment des clients pauvres puisqu'ils sont plus coûteux et plus risqués à servir. Les partisans de cette

[35] Les nouveaux objectifs du millénaire visent l'horizon 2030

deuxième approche estiment qu'il n'est pas nécessaire pour les IMF d'être financièrement viables et qu'elles peuvent recourir au subventionnement pour financer leurs activités, ce qui nous renvoie au dilemme subvention ou dérive de la mission.

- *Cette approche suppose que la recherche de la rentabilité pourrait détourner l'IMF de sa mission sociale de servir les plus pauvres des pauvres et donc l'existence d'arbitrage entre les deux objectifs (hypothèse 2)*

Notons que l'idée largement répandue suppose l'existence d'une relation implicite d'arbitrage entre portée sociale et pérennité. L'argument souvent avancé est que le ciblage des personnes pauvres et à faible revenu se traduit généralement par des coûts de transaction élevés, un risque plus important et un profit espéré faible. En effet, les crédits de faibles montants sont généralement trop coûteux à mettre en œuvre comme nous allons le voir par la suite.

4.1.1 Relation négative ou d'arbitrage :

Une des questions les plus controversées de la microfinance a porté sur l'ampleur de l'arbitrage entre la rentabilité et l'atteinte des clients pauvres. Ces deux objectifs forment la pierre angulaire de l'industrie de la microfinance et il est crucial de savoir s'ils sont en conflit.

L'arbitrage se réfère à une situation où une IMF n'est pas capable d'atteindre une rentabilité élevée sans léser la portée aux personnes pauvres. Si l'arbitrage existe, cela signifie que les institutions rentables ne sont pas en mesure d'atteindre les personnes qui ont le plus besoin des services de microfinance. En absence d'arbitrage, les institutions dont la rentabilité est élevée sont en mesure de générer plus de revenus ou de réduire plus de coûts que les institutions dont la rentabilité est plus faible. Ils sont donc en mesure de compenser le coût plus élevé du ciblage des plus pauvres. En l'absence de compromis entre les deux objectifs, ceci supposerait un avenir promettant pour les institutions de microfinance commerciales. Le potentiel de génération de profits et réduction de la pauvreté serait alors énorme.

➢ *On peut se demander, à ce niveau, pourquoi est-il si difficile d'assurer la compatibilité entre services financiers aux pauvres et autonomie financière ?*

La réponse à cette question est qu'offrir des services aux plus pauvres se traduit généralement par une augmentation des coûts de transactions et du risque alors que l'autonomie financière nécessite la réduction de tels coûts.

Il est largement admis que le financement des personnes pauvres et des micro-entreprises est une activité financièrement non rentable. Les prêts de faibles montants sont, en effet, trop coûteux à mettre en œuvre et les profits générés sont insignifiants et ne permettent pas de couvrir ces coûts. Ceci empêche l'opération d'être rentable.

Les prêts octroyés font encourir divers frais aussi bien aux prêteurs qu'aux emprunteurs. Dans le cas où les prêts sont de faibles montants, les deux parties (prêteur et emprunteur) vont devoir supporter des coûts de transactions relativement élevés par rapport à la valeur du prêt lui-même. Ainsi, pour les microcrédits dont les personnes très démunies ont besoin, les coûts de transactions consentis par les établissements financiers traditionnels rendent presque inévitablement impossible l'octroi de tels crédits en l'absence de subventions. Les coûts de transactions élevés constituent dans ce cas un obstacle de taille, si on se prête aux termes de l'OCDE (1997), à l'offre des services de microcrédits viables aux populations pauvres et à faibles revenus.

Les coûts de transaction d'une IMF incluent entre autres: les coûts fixes, les coûts du personnel, les coûts de transport, les coûts administratifs, etc. Ces coûts sont en effet d'autant plus élevés que la clientèle cible est constituée par des personnes pauvres. (Voir : Hulme et Mosley, 1996 ; Conning, 1999; Paxton et Cuevas, 2002; Lapenu et Zeller, 2002). Il existe trois facteurs principaux qui sont à l'origine des coûts de transactions élevés, à savoir :

- **Le montant réduit des prêts** : Les IMF offrent des crédits de petits montants, caractérisés par des coûts de suivi très élevés. En effet, les IMF, à la différence des banques traditionnelles, basent leurs décisions sur des entretiens directs pour évaluer leur capacité d'endettement. (CGAP, 2004a). De plus, le fait d'accorder des prêts de faibles montants à plusieurs personnes coûte plus cher que de prêter le même montant à un nombre plus réduit. Dans le premier cas, le nombre de transactions est plus élevé puisque le nombre de prêteurs est plus grand (voir Morduch, 1999a et CGAP, 2004a). Ainsi, le coût relatif (en pourcentage) d'un prêt de faible montant sera toujours supérieur à celui d'un prêt de montant plus élevé. Les taux effectifs du microcrédit sont, de façon générale, nettement supérieurs à ceux des banques traditionnelles.

- **L'emplacement géographique :** Les pauvres vivent généralement dans des zones rurales dont l'accès est difficile à cause de l'absence d'infrastructure. Les difficultés auxquelles les IMF font face pour atteindre ces zones se traduisent généralement par des coûts supplémentaires. En plus de l'augmentation du coût de transaction, il y a aussi une augmentation du coût de couverture du risque, notamment le risque de vols lors du transfert des fonds.
- **La technique de prêt de groupe :** Le crédit de groupe nécessite l'organisation de réunions de façon régulière. Ceci requiert généralement énormément de travail et de temps pour les agents de crédit et se traduit donc par des coûts supplémentaires pour l'IMF. Les coûts de transaction élevés générés dans ce cas constituent une contrainte pour l'IMF afin d'atteindre son objectif de devenir rentable et autonome.

De plus, les échéances courtes qui forment une caractéristique inhérente à l'octroi des crédits de faibles montants conduisent inévitablement à des coûts de transactions élevés en pourcentage des prêts en cours (OCDE, 1997).

Le CGAP (1995) souligne qu'il est difficile pour l'IMF de devenir financièrement viable. Il avance que les prêts octroyés aux pauvres sont trop coûteux à mettre en œuvre et que les profits qui en résultent sont insignifiants au point de ne pas

permettre à l'opération d'être rentable. En effet, alors que les programmes orientés vers les crédits aux pauvres génèrent des revenus couvrant en moyenne 70% de leurs coûts d'exploitation, seuls 5% des IMF sont financièrement viables. Certaines IMF reconnaissent le fait qu'elles ont besoin de subventions pour cibler les pauvres.
Selon Guérin (1999), l'octroi des prêts à des populations défavorisées se traduit par des coûts relativement élevés par rapport aux revenus générés. Ainsi, la faiblesse de l'apport personnel, l'insuffisance, voire même l'absence de garantie, la difficulté à évaluer le risque des emprunteurs et l'asymétrie d'information sont autant de facteurs qui engendrent une disproportion entre les coûts et les recettes générées. Pour pallier à cette disproportion, les IMF, par souci de viabilité, peuvent délaisser leurs clientèles pauvres au profit d'une clientèle plus aisée et, notamment, plus rentable. Elles peuvent aussi rester au service des populations défavorisées au risque de disparaître. Dans le deuxième cas, l'auteur souligne que de telles initiatives émanent généralement des ONG qui restent de faible envergure et rarement pérennes.

4.1.2 Relation positive:

Nous nous intéressons dans cette section à donner quelques éléments de réponse à notre hypothèse qui soutient qu'une IMF peut concilier entre l'objectif social et financier. Ceci dit, le schisme de la microfinance qui oppose « welfarites » et « institutionnaliste », la tendance à la commercialisation des IMF, la dérive de la mission principale, les changements qui affectent le secteur, la question des subventions suscitant des positionnements divergents déterminants pour la pérennisation de ces structures représentent autant d'enjeux qui mettent clairement en évidence le fait qu'il n'est pas aussi facile de concilier rentabilité et progrès social en microfinance. Selon Abraham et Raufflet (2009), le risque de privilégier l'un des objectifs aux dépens de l'autre est permanent. Il n'existe donc pas de techniques ou de recettes magiques pour poursuivre les deux objectifs durablement sans perdre de vue l'un des deux.

Certaines IMF sont parvenues à toucher les populations pauvres tout en étant rentables. Ceci indique que concilier entre les deux objectifs est certes difficile, mais non impossible. Par exemple, en 2003, sur les 231 IMF ayant communiqué leurs résultats au MBB, 60% (139 IMF) étaient rentables. Parmi ces institutions rentables, 41 IMF ciblaient les clients les plus pauvres et touchaient trois fois plus de clients. La rentabilité moyenne de ces IMF était supérieure à celle de l'ensemble des institutions. Nous pouvons en déduire que cibler les plus pauvres se traduit par de meilleurs résultats financiers.
Une étude récente du MIX a révélé l'absence de lien entre la taille du prêt et la rentabilité, en ce sens que les institutions qui octroient des prêts plus importants ne sont pas forcément plus rentables. Nous pouvons en conclure que servir les personnes pauvres peut être rentable ou du moins qu'il n'est pas forcément moins rentable de toucher les plus pauvres.
Pour étudier la possibilité de concilier entre portée sociale et viabilité, nous nous intéressons tout d'abord au cas de la banque « Grameen ». Cette institution, en plus d'être la première IMF fondée, a réussi à concilier entre les deux objectifs. Donc, à défaut de pouvoir appliquer des techniques, nous allons dans cette section énumérer certains principes qui ont été mis en œuvre par le Grameen, dont l'application peut être utile à toute organisation soucieuse de conjuguer objectifs sociaux et financiers en microfinance.

4.1.2.1 Lutter contre la pauvreté tout en veillant à la bonne santé économique de l'institution : Le modèle « Grameen Bank »

La Grameen Bank a constitué une grande réussite. D'une part, elle a pu atteindre la rentabilité et par le fait même l'autonomie. D'autre part, elle a aidé à faire reculer la pauvreté dans le Bangladesh qui est un pays très pauvre. Elle a aidé les personnes les plus défavorisées et les plus marginalisées à améliorer leurs conditions de vie au niveau économique et social. Elle a aussi aidé les populations pauvres à devenir plus confiantes et à retrouver une certaine dignité.

Nous décrivons brièvement le modèle d'affaire de cette banque, tout en soulignant certains de ses facteurs de succès. Nous essayerons par la suite de tirer des enseignements de cette expérience, en matière de combinaison entre portée sociale et rentabilité.

Selon Abraham et Raufflet (2009), une des principales forces de la Grameen serait que son fondateur n'a jamais franchement privilégié l'une des deux exigences (rentabilité et progrès social) aux dépens de l'autre. D'une part, cette banque ne s'est jamais détourné de sa clientèle cible : les pauvres et les femmes. La clientèle de la Grameen est constituée par les personnes exclues des banques traditionnelles, notamment les plus démunis, ceux n'ayant aucune garantie à offrir et qui dans certains cas sont aussi analphabètes. La règle pour cette banque est de ne prêter qu'aux personnes possédant moins d'une demi-acre de terrain (l'équivalent de 2000 mètres carrés). Ainsi, les femmes constituent la cible privilégiée de la Grameen (soit 96% de ses clients) puisqu'elles sont plus touchées par la pauvreté que les hommes. Elles présentent également l'avantage de faire plus profiter leur foyer par le prêt obtenu.

D'un autre côté, le modèle Grameen a montré qu'il est possible de concilier, de façon durable, préoccupations sociales et efficacité économique. La Grameen constitue aujourd'hui une organisation rentable. En 2005 par exemple, les profits s'élevaient à 16 millions des dollars. Depuis 1995, la banque Grameen ne fait plus appel aux dons pour financer son activité. Elle n'emprunte pas non plus aux autres institutions financières. La totalité des prêts octroyés est financée désormais par le versement régulier de ses bénéficiaires, ainsi que par des capitaux propres. Les clients emprunteurs détiennent 94% des actions et le conseil administratif, constitué par 13 membres élus, comporte 9 femmes qui sont des clientes actionnaires de la banque.

La Grameen s'est efforcée de mettre au point des biens et des services conviviaux, c.-à-d. des produits dont la valeur d'usage est importante pour les bénéficiaires et qui les rendent plus autonomes. C'est le cas par exemple : du service téléphonie mobile, des programmes d'éducation, de production et de vente des panneaux solaires, des crédits logements, etc. La

valorisation intensive de cette ressource qui est le capital social trop souvent négligé.
La Grameen Bank a réussi à se passer des subventions en 1995. En 2007, les ressources propres de cette institution représentaient, avec les dépôts, 143% de l'encours des crédits. Lélart (2007) souligne à cet égard que le cas de la Grameen Bank constitue une exception et ceci en raison de son histoire et de la grande médiatisation dont elle a bénéficié, bien avant même l'attribution du Prix Nobel de la paix en 2006.

4.1.2.2 Concilier rentabilité et ciblage des pauvres :

Lélart (2007) identifie un certain nombre de conditions indispensables pour que la microfinance puisse emprunter les voies du marché et adopter une logique commerciale, sans risquer la dérive de sa mission. Premièrement, pour que les IMF puissent rentrer en concurrence entre elles et avec les banques, il est indispensable d'instaurer au préalable un cadre réglementaire adapté. Deuxièmement, la gestion des IMF doit être transparente et respectueuse des « bonnes pratiques ». Ces deux conditions sont, selon Lelart (2007), les seules susceptibles de garantir la qualité des services ainsi qu'une diminution élancée et progressive des taux d'intérêt demandés. Au fur et à mesure que la vocation financière des IMF se réaffirme, d'autres problèmes peuvent apparaître, plus particulièrement celui de la gouvernance et l'exercice de pouvoir au sein de chaque institution.
Au fur et à mesure qu'elles se professionnalisent, les IMF doivent veiller à rester proches de leurs clients. En effet, il peut s'avérer difficile à ce stade de concilier entre la technicité croissante des opérations financières et l'implication désirée des clients. Ceci peut causer un problème puisque le microcrédit est tout d'abord un crédit de proximité et dans les termes de Lélart (2007), l'argent ne doit pas devenir froid.
L'auteur souligne également que les dirigeants peuvent trouver des difficultés à gérer les institutions au seul intérêt de ses clients actuels et potentiels. En devenant autonome, le capital doit revenir aux actionnaires qui peuvent être, soit des ONG ayant pris l'initiative, l'État qui a subventionné l'institution ou

les bailleurs de fonds pour les subventions privées, ou encore les débiteurs ou bénéficiaires des crédits, les déposants, etc. Par exemple, pour le cas de la « Grameen Bank »,6% du capital appartient à l'État et le reste aux clients (94%).

Par ailleurs, selon le CGAP (2004a), les IMF visent toutes, mais à des degrés différents, à fournir des services financiers aux personnes exclues et à faible revenu. Ces dernières s'affichent un double objectif de résultat, outre l'objectif financier de rentabilité et à plus long terme de pérennité, elles poursuivent un objectif social de développement et de lutte contre la pauvreté. Il souligne que la plupart des dirigeants considèrent que le principal objectif poursuivi est l'objectif social qui consiste à offrir l'accès aux personnes exclues des circuits financiers formels et que les résultats financiers solides ne constituent qu'un moyen pour parvenir à leur fin et non un objectif en soi. Le CGAP (2004a) souligne que le défi à relever consiste à parvenir, d'une part, à servir autant de personnes pauvres et d'autre part à offrir en permanence un accès à une gamme élargie de services financiers répondant à leurs besoins et qui soient de qualité. Il avance quatre éléments essentiels que les IMF doivent prendre en considération pour parvenir à concilier entre ces deux exigences :

- L'étendue de la portée(ou échelle des services) : atteindre autant de personnes que possible.
- Le degré de la portée : s'assurer de servir des personnes qui soient parmi les plus pauvres des pauvres.
- La qualité des services : l'IMF doit offrir des services adaptés et qui répondent aux besoins effectifs de ses clients.
- La viabilité financière : consiste à la tarification des services financiers de manière à assurer le recouvrement des coûts et la poursuite des activités lorsqu'elle ne peut plus compter sur le soutien des bailleurs de fonds ou des pouvoirs publics qui ne sont plus disposés ou en mesure de leur accorder des subventions.

Selon Waterfield et Duval (1996), toute institution de microfinance s'efforce de trouver un équilibre entre deux objectifs qui semblent à priori opposés : d'une part, offrir de meilleurs services aux personnes les plus pauvres afin de les aider à développer des activités génératrices de revenus ou à soutenir leurs activités. D'une part, générer suffisamment de revenus pour couvrir l'ensemble de ses coûts. Ils notent que les deux objectifs sont conflictuels dans la mesure où le fait de privilégier l'un, peut compromettre l'autre. Ils affirment que les programmes qui ont eu le plus de succès sont ceux qui ont pu trouver un juste équilibre entre les deux objectifs. Selon les mêmes auteurs, si l'offre de service est le but de l'institution, la pérennité sera dans ce cas le moyen pour l'atteindre à long terme. En effet, si l'institution va cesser son activité à long terme à cause d'un manque de ressources, ceci ne peut que nuire aux intérêts des clients. En se préoccupant d'atteindre la pérennité, il y a un grand danger que le moyen transforme le but. En ce sens qu'en se préoccupant plus par l'atteinte de la pérennité, l'institution peut créer des changements ou prendre des décisions qui risquent d'altérer, limiter, diminuer, et même éliminer les services que l'institution a tenu à rendre disponibles initialement. La manière d'opérer de l'institution ou du programme peut changer progressivement jusqu'à ce que la viabilité devienne un objectif en soi. Selon Waterfield et Duval (1996), pour assurer la réussite d'un programme, l'institution doit veiller à maximiser les deux objectifs en même temps (offre de service et atteinte de la viabilité) pour pouvoir répondre au mieux aux besoins des pauvres.

L'interrogation centrale qui a structuré notre travail était de savoir : Comment, simultanément, s'orienter vers les plus pauvres et atteindre un équilibre financier qui permet l'inscription des programmes dans le temps.

Cette question assez globale sous-tend d'autres interrogations notamment : Quel taux d'intérêt pratiquer ? Faut-il pratiquer des taux élevés ou au contraire très bas ? Comment se prémunir contre le non-remboursement ? Quelles sanctions entreprendre ? Faut-il entamer des poursuites judiciaires ? Qui doit être le public cible ? Quelle couverture pour le risque ? Faut-il exiger des garanties ? Quelle méthodologie de prêt privilégier ? Quels produits offrir ? Quelle adaptation des services ?, etc.

Autant d'interrogations soulevées par les programmes de microfinance auxquelles on n'a pas pu trouver de réponses concrètes. La diversité, que ce soit des formes et des objectifs, des IMF ainsi que les contextes changeants (contexte culturel, social et économique) dans lesquels elles œuvrent ne font que compliquer encore plus la tâche. Force est de constater qu'il n'existe pas de réponse spécifique à notre interrogation et que la difficulté qui réside dans la gestion des contradictions nées de l'originalité de la microfinance se pose dans les mêmes termes dans tous les programmes. Les études empiriques sur la relation entre PS et PF sont aussi non concluantes. Le débat est donc loin d'être clos.

4.1.3 Relation négative : arbitrage entre viabilité financière et portée sociale des IMF

L'étude la plus importante est celle de Cull et al. (2007). Les deux auteurs examinent la nature de la relation entre la performance financière et la portée sociale, en utilisant un large échantillon de 124 IMF issues de 49 pays. Pour mesurer la performance financière, trois indicateurs de profitabilité ont été utilisés: le ratio d'autosuffisance opérationnelle, le ratio d'autosuffisance financière et le ROA ajusté. Ils remarquent que les IMF qui utilisent la méthodologie de prêts individuels sont plus rentables que les autres. Par contre, le pourcentage des emprunteurs pauvres et des femmes dans le portefeuille total de prêt est plus faible que celui des institutions qui utilisent la méthodologie de prêt de groupe. L'étude montre aussi que les institutions basées sur la méthodologie de prêt individuel tendent à cibler une clientèle plus aisée dans leur phase d'expansion. Les auteurs pointent donc la dérive de la mission de ces IMF. Cette dérive n'a pas la même ampleur pour les institutions utilisant la pratique des prêts de groupe. Ainsi, Cull et al. (2007) mettent en évidence l'existence d'un arbitrage entre l'efficience et la portée des IMF.

Ces résultats sont en accord avec d'autres travaux qui appliquent des techniques moins rigoureuses (sophistiquées) et/ou un échantillon plus petit. Dans un article récent et plus détaillé, les auteurs fournissent des preuves supplémentaires qui mettent en évidence la possibilité d'existence d'une relation d'arbitrage entre la portée sociale et la commercialisation.

Hermes et al. (2011) utilisent un échantillon de 435 IMF. Ils mettent en évidence l'existence d'une relation négative entre

l'efficience financière et la portée sociale des IMF. Ils pointent également que l'efficience financière ne peut être améliorée qu'en se focalisant moins sur les plus pauvres des pauvres.
En adoptant une approche par la frontière stochastique sur un échantillon de 107 IMF éthiopiennes, Abate et al. (2014) analysent l'effet d'une exigence de plus en plus importante de performance financière sur la mission sociale de la microfinance. Les résultats de l'étude montrent la présence d'arbitrage entre l'efficience coût et la portée aux pauvres (mesurée par la taille du prêt et le pourcentage de femmes emprunteuses) des IMF. Les auteurs signalent que les IMF qui accordent des prêts de montants élevés sont plus rentables que celles qui accordent des prêts de plus faible montant. Les résultats révèlent aussi que les IMF qui ciblent davantage les femmes sont les moins efficientes. En conclusion, servir les pauvres et plus particulièrement les femmes n'est pas compatible avec l'atteinte de l'objectif d'efficience financière. Dans l'ensemble, les résultats issus de l'analyse correspondent aux conclusions des études antérieures élaborées par Cull et al. (2007) et Hermes et al. (2011) et confirment les théories générales qui prétendent la présence de différence de coût entre servir les pauvres et les moins pauvres ou riches clients non bancarisés (Armendariz et Szafarz, 2009). Cette différence de coût est d'autant plus importante dans les pays à faible revenu. Pour le cas de l'Éthiopie, les auteurs notent que la relation d'arbitrage est due principalement à des coûts additionnels. Ces coûts proviennent de la difficulté d'accès aux clients ruraux ainsi qu'aux efforts de contrôle et de suivi nécessaires pour traiter avec les emprunteurs les moins instruits.

Conclusion générale

Le présent livre vise à contribuer à une meilleure compréhension de la relation entre la performance sociale et financière des IMF. Nous nous sommes interrogés, tout au long de ce travail, sur l'existence d'une certaine compatibilité entre les deux objectifs de rentabilité et de progrès social. Notre objectif était de savoir si la microfinance peut tenir sa "promesse" d'être un instrument économiquement viable pour contribuer au développement. Nous ne prétendons pas apporter une réponse à cette question, mais plutôt des éléments d'éclairage.

La microfinance constitue une stratégie de développement qui ne cesse de susciter l'intérêt et l'espoir dans les pays en développement. En plus de la réduction de la pauvreté, la microfinance ambitionne d'améliorer l'accès à l'éducation, aux services sanitaires, à l'eau potable et aux services sociaux, etc. Elle doit veiller, en parallèle, à développer et approfondir son marché au-delà des frontières du secteur financier et conquérir des zones là où les institutions traditionnelles n'osaient pas ou du moins pas encore s'aventurer. De telles externalités positives sont rarement associées aux autres stratégies de développement, ce qui fait la particularité de la microfinance.

Le secteur de la microfinance se trouve ainsi tiraillé entre une approche « *welfariste* » qui met au premier plan le bien-être des pauvres, à travers une distribution massive du crédit à taux réduit et une approche « institutionnaliste » prônant les facteurs de pérennité financière des IMF. La commercialisation croissante de la microfinance a provoqué de vives critiques sur le risque de dérive des IMF de leur mission initiale qui est de servir les personnes exclues et à bas revenu. La transformation des IMF en institutions à but lucratif risque de détourner ces dernières de leur première cible pour desservir une clientèle beaucoup moins pauvre et donc moins risquée et bien évidemment en dehors des zones rurales.

Nous parvenons à la conclusion que les deux objectifs, financier et social, sont très difficiles, mais non impossible, à concilier à l'intérieur d'une même structure. L'interrogation qui se pose dès lors, est de savoir comment une IMF peut être viable, tout en

s'adressant aux populations pauvres ? Un dilemme auquel sont constamment confrontées les IMF, reste à trouver le juste équilibre entre les deux exigences. Ce qui est certain, c'est toujours au regard du respect de cette double contrainte que ces institutions doivent être évaluées.
Notons enfin qu'une des limites de ce travail réside dans le fait que nous nous sommes interrogés sur la nature de la relation entre la performance sociale et financière en supposant l'existence de liens positifs, sans s'interroger sur le sens que peut prendre cette relation. Une analyse approfondie du sens de causalité qui peut exister entre les deux dimensions de performance pourra alors aider à mieux comprendre la relation entre PS et PF en microfinance.

Références Bibliographiques :

- Abate, G., Borzaga, C., et K., Getnet (2014) "Cost efficiency and outreach of microfinance institutions: trade-offs and the role of ownership", *Journal of International Development, 26*(6), 923–932.
- Abraham, Y.M et Raufflet, E. (2009) "Concilier responsabilité sociale et rentabilité : Grameen une banque prix Nobel de la paix", revue Gestion, 33(4), 14-34.
- Adair, Ph. et Berguigua, I. (2010) "Les facteurs déterminants de la performance sociale et de la performance financière des institutions de microfinance dans la région MENA: une analyse en coupe instantanée", *Région et développement*, 32, 91-119.
- Allouche, J. et Laroche, P. (2005a) "Responsabilité sociale et performance financière des entreprises : une synthèse de la littérature", Actes du congrès : la responsabilité sociale de l'entreprise, mythe et mystification, GREFIGE, Université de Nancy 2, 17-19.
- Allouche, J. et Laroche, P. (2005b) "A meta-anaytical investigation of the relationship between corporate social and financial performance", *Revue de Gestion des Ressources Humaines*, 57, 18-40.
- Angelidis, J.P. et Ibrahim, N.A. (1993) "Social Demand and Corporate Strategy: A Corporate Social Responsibility Model (Summer/Fall)", Revenue of Business, 15 (1), 7-10.
- Armendariz, B. et Morduch, J. (2007) "The Economics of Microfinance" Cambridge, Mass.: MIT Press, 2007, 360 p.
- Armendariz, B. et Szafarz, A. (2009) "On Mission Drift in microfinance institutions", Working Papers CEB 09-015.RS, ULB, Université Libre de Bruxelles.
- Banque mondiale (2012) "Rapport sur le développement dans le monde : égalité des genres et développement", Banque mondiale, rapport abrégé, Washington.
- Banque mondiale (2014) "Prévisions, perceptions et réaliste économique", *Bulletin trimestriel d'information*

économique de la région MENA, Banque Mondiale, 3, juillet 2014.

- Barnett, M. L. et Salomon, R. M. (2012)"Does it pay to be ***really*** good? addressing the shape of the relationship between social and financial performance", *Strategic Management*, 33(11), 1304-1320.
- Bédécarrats F. et Reynaldo M. (2009) "L'influence de la régulation sur la capacité de la microfinance à contribuer au développement : le cas de la Bolivie ", *Tiers Monde*, 197, mars 2009, 71–90.
- Bédécarrats F., Angora R.W. et Lapenu C., (2009) "Quels liens entre performances sociales et financières ? Analyse à partir de 126 évaluations en microfinance", SPI3, Document de travail, 19, Cerise, décembre 2009, 1-12.
- Bédécarrats, F. (2010) "Évaluer la microfinance, entre utilité sociale et performances financières", Revue française de socio-Economie, la découverte, 2(6), 87-107.
- Bédécarrats, F., Baur, S. et Lapenu C. (2011) "*Combining Social and Financial Performance: a Paradox?*", Valladolid, Microcredit Summit, novembre 2011.
- Ben Soltane, B. (2008) " Efficiency of Microfinance Institutions in the Mediterranean: An Application of DEA". Transition studies review, Mediterranean and Middle East Papers, 15(2), 343-354.
- Ben Soltane, B. (2014) Total factor productivity change of MENA microfinance institutions: A Malmquist productivity index approach. Economic Modelling, 39, 182–189.
- Bhatt, N. et Tang, S.-Y. (2001) "Delivering microfinance in developing countries: Controversies and policy perspectives", *Policy Studies Journal*, 29, 319–333.
- Bouquet, E. et Wampfler, B. (2006)"Enjeux et impacts de la microfinance rurale à Madagascar : Etude d'impact du réseau des caisses d'épargne et de crédit mutuel de Madagascar (CECAM) (2003-2007)", BIM, 24, octobre 2006, 1-6.
- Bourbonnais, R. (2005) "Econométrie, Manuel et exercices corrigés", Paris: DUNOD, 6ème édition.

- Bowen, H. R (1953) "Social Responsibilities of the businessman", New York, Harper & Brothers, 1953.
- Boyé, S., Hajdenberg, J. et Poursat, C (2006) "Le guide de la microfinance: microcrédit et épargne pour le développement", Organisation, 304 p.
- Brau J. C., Woller G. M. (2004) "Microfinance institutions: a comprehensive review of the existing literature and an outline for future financial research", The Journal of Entrepreneurial Finance and Business Venture.
- Carr, J.H. et Tong, Z.Y. (2002) "Replicating microfinance in the United States", Woodrow Wilson Center Press, 2002,387 p;
- Carroll, A. B. (1979) "Three-Dimensional Conceptual Model of Corporate Social Performance", *Academy of Management Review*, 4(4), 497-505.
- Carroll, A. B. (2000) "Ethical Challenges for Business in the New Millennium: Corporate Social Responsibility and Models of Management Morality", *Business Ethics Quarter/y,* 10, 33-42.
- CGAP(1995) "Comment maximiser l'étendue du financement des micro-entreprises: Ce que nous enseignent les institutions performantes", *Focus note*, 2, Octobre 1995, 1-4.
- CGAP (1998) "Imputation des coûts pour les institutions de microfinancement multiservices", *Étude spéciale*, 2, octobre 1998
- CGAP (2001) "Commercialisation et dérive de la mission des IMF: la transformation de la microfinance en Amérique latine", Etudes spéciales, 5, 24p.
- CGAP (2003) " Directives concertées pour la microfinance : Définitions de certains termes, ratios et retraitements financiers dans le domaine de la microfinance", Document publié par le CGAP et the World Bank group, décembre 2003, http://www.cgap.org/gm/document1.9.2756/Guideline_definitions_French.pdf
- CGAP (2004a) "Institutions financières poursuivant un « double objectif de résultat » : implications pour l'avenir

de la microfinance", CGAP, Etude Spéciale, 8, juillet 2004, 1-24.

- CGAP (2004b) "Le plafonnement des taux d'intérêt en microfinance : qu'en est-il à présent?", Étude spéciale, 9, septembre 2004.
- CGAP (2005) "Principes clés de la Microfinance", endorsed by sea island summit, World Bank, Washington, DC.
- CGAP (2006) "Des services financiers inclusifs à l'horizon 2015 : quatre scénarios pour l'avenir de la microfinance", Focus Note, 39, Octobre 2006, 1-16.
- CGAP (2010) "Croissance et vulnérabilités en microfinance", N° 61 Février 2010, 1-16.
- CGAP (2011a) "Quelle est l'influence du printemps arabe sur la microfinance ?", Compte rendu d'une discussion organisée par le CGAP à Paris, Eric Duflos, CGAP, octobre 2011.
- Churchill, C. F., Liber, D., Mc Cord, M.J. et Roth, J. (2004) "*L'assurance et les institutions de microfinance: Guide technique pour le développement et la prestation de services de micro-assurance*", Genève, ILO & ADA (pour la traduction française), 250 p.
- Coleman, B. (1999) "The Impact of Group Lending in Northeast Thailand", *Journal of Development Economics*, 60, 105-141.
- Collette, C. et Pigé, B. (2008) "*Economie sociale et solidaire – Gouvernance et contrôle*", édition Dunod.
- Conning, J. (1999) "Outreach, sustainability and leverage in monitored and peer-monitored lending", *Journal of Development Economics*, 60, 229-248.
- Copestake, J., Johnson, S. et Wright, K. (2002) "Impact assessment of microfinance: towards a new protocol for collection and analysis of qualitative data", *Working paper*, 7, Imp-Act, University of Bath.
- Copestake,J., Dawson, P., Fanning, J.-P, McKay , A. et Wright-Revolledo, K. (2005) "Monitoring the Diversity of the Poverty Outreach and Impact of Microfinance: A Comparison of Methods Using Data from Peru", *Development Policy Review*, 23 (6), 703-723.

- Coquart, Ph. (2000) "La microfinance : une invention pour répondre aux besoins des pauvres qui s'inscrit bien dans la stratégie de lutte contre la pauvreté et les inégalités", Techniques financières et développement, 59/80, Juillet-Octobre, 3-5.
- Cornée, S. (2007) Au-delà de la nécessité de considérer les performances sociales dans la microfinance: une proposition d'évaluation conjointe des performances sociales et financières en microfinance. Document de travail, 3, Cerise, 1-17.
- Cull R., Demirguc-Kunt A., et Morduch, J. (2007) "Financial performance and outreach: A global analysis of leading microbanks", *Economic Journal, Royal Economic Society*, 117(517), 107–133.
- De Briey, V. (2005) " Plein feu sur la microfinance en 2005", *Regards Economiques*, 28, Mars, 1-14.
- Defoundoux-Fila, H., Dirat, J.R. et Mayoukou, C. (2013) "*La microfinance contemporaine : Défis et perspectives*", Presses Universitaires de Rouen et du Havre, 325 p.
- Diop, A., Hillenkamp, I., et Servet, J.-M. (2007)" Poverty versus inequality", 27-46, dans: B. Balkenhol (Ed.), *Microfinance and public policy. Outreach, performance and efficiency*, New York: Palgrave.
- Djadé, K. (2009) "*Economie de la microfinance en Afrique Subsaharienne*", édition l'Harmattan, 250p.
- Djefal, S. (2005) "Après vingt ans de pratique, la microfinance, un catalyseur un développement économique ?", *Technique Financière et Développement*, 78.
- Duflo, E. et Parienté, W. (2009)"Développements récents sur l'impact et les mécanismes de la microfinance", *La Revue Proparco*, 3, septembre 2009, 10-12
- Dunford, Ch. (2002) "What wrong with loan size?", Freedom from hunger, 2002 Gendron C. ISO 26000: Towards a social definition of corporate social responsibility, Chair of social responsibility and sustainable development, UQAM, 2009.
- Eber, N. (1993) " Relation de clientèle et concurrence sur les marchés bancaires", *Revue d'Economie Financière*, 27, hiver 1993.

- Elahi, K.Q. et Rahman, M.L. (2006)"Micro-credit and micro-finance: functional and conceptual differences", *Development in Practice*, 16,(5), 476-483.
- FAO (2007) "*Microfinance et petites entreprises forestières*", Étude FAO: Forêts 146, 111 p.
- Flores, I.L. et Serres, Ph. (2009) "Microfinance et services non financiers : mariage impossible?", *La Revue Proparco*, 3, septembre 2009, 3-6.
- Freeman, R.E. (1984) "*Strategic Management: a Stakeholder approach"*, Pitman.
- Ghosh, S. et Van Tassel, E. (2008). A model of Mission Drift in microfinance institutions. Working Papers 08003, Department of Economics, College of Business, Florida Atlantic University.
- Gond, J.P. (2001) "L'éthique est-elle profitable? » *Revue Française de Gestion*, 136, Nov.-Déc, 77-85.
- Gonzales, A (2011) "An empirical review of the actual impact of financial crisis and recessions on MFIs, and other factors explaining recent microfinance crisis ", *Global Microcredit Summit*, 15, Commissioned Workshop Paper November 14-17, 2011 – Valladolid, Spain.
- Gonzalez-Vega, C, Schreiner, M., Meyer, R. L., Rodriguez, J. et Navajas, S. (1996) "BancoSol: The Challenge of Growth for Microfinance Organizations", Rural Finance Department, The Ohio State University, August 1996.
- Guérin (2001) "Microfinance et autonomie féminine", *Working Paper*, Centre Walras, 24, septembre 2001.
- Guérin, I. (1999) "Le dilemme viabilité/proximité en microfinance : partenariat et confiance", *Savings and Development*, 24(4), 147-168.
- Guérin, I.; Palier J. et Prévost, B. (2009) "Femmes et microfinance : Espoirs et désillusions de l'expérience indienne", édition des Archives contemporaines et en partenariat avec l'Agence Universitaire de la Francophonie (AUF), Paris, 1-103.
- Gutiérrez-Nieto, B., Serrano-Cinca, C. et Mar Molinero, C. (2009)" Social efficiency in microfinance institutions", *Journal of the Operational Research Society*.

- Halpern, S. (2000)"*Microfinance in the New Millennium: Efficiency, Customer Satisfaction, and Commercialization of Microfinance Institutions"*, MicroFinance Network, Washington DC, USA.
- Helms, B. (2006) "La finance pour tous: construire des systèmes financiers inclusifs", Montréal(Québec): Editions Saint-Martin.
- Hermes, N., Lensink, R. et Meesters, A. (2011) "Outreach and Efficiency of Microfinance Institutions", *World Development*. 39(6), 938–948.
- Hillman, A., et Keim, G. (2001) "Shareholder value, stakeholder management, and social issues: What's the bottom line?", *Strategic Management Journal*, 22, 125-139.
- Honlonkou (2002) "Évaluation de la performance de remboursement dans les institutions de micro-finance au Bénin", *Mondes en développement*, 3(119), 73-77.
- Honohon, P. (2007) "Cross-Country Variations in Household Access to Financial Services ", *Journal of Banking & Finance*, 32(11), Novembre 2008, 493–2500.
- Hours, B et Selim, M. (2003), "Solidarités et compétences idéologiques et pratiques", *Travail et mondialisation Sociologie*, édition l'Harmattan, septembre 2003, 362 p.
- Hudon, M. et Traca, D. (2011) "On the efficiency of subsidies in microfinance: an empirical equity", *World Development*, 39(6), 966-973.
- Hugon, P. (1996) "Incertitude, précarité et financement local", *Revue Tiers Monde*, tXXXVII, 145, Janvier-Mars, 13-49.
- Hulme, D. et Mosley, P. (1996), "*Finance against poverty*", Volume I, London: Routledge.
- Jégourel, Y. (2008) "*La microfinance: entre performance sociale et performance financière*", La découverte, regards croisés sur l'économie, 2008/1(3), 197-205.
- Jones, M. B. (2007) "The multiple sources of mission drift", *Nonprofit and Voluntary Sector Quarterly*, 36(2), 299–307.
- Khandker, Sh. R. (2005) Microfinance and Poverty: Evidence Using Panel Data from Bangladesh, *The world bank economic review*, 19 (2), 263-286.

- Kumar Kar, A. (2013) "Double bottom lines in microfinance: are they mutually exclusive? ", *Journal of Small Business & Entrepreneurship*, 26 (1), 87-107.
- Labie, M. (1996) "Perspective d'autonomie et pérennisation des systèmes financiers", *Revue Tiers-Monde*, t.XXXVII, 145, Janvier – Mars, 85 - 97.
- Labie, M. (1999) "*La microfinance en questions-Limites et choix organisationnels"*, Bruxelles, Editions Luc Pire.
- Labie, M. et Mees, M. (2005) "Le paradigme commercial en microfinance et ses effets sur l'inclusion sociale", SOS Faim, Zoom microfinance, 16, septembre.
- Lafourcade, A-L, Isern, J., Mwangi, P. et Brown, M. (2005), " Etude sur la portée et les performances financières des institutions de microfinance en Afrique", MIX, Avril 2005.
- Lapenu, C. et Zeller, M. (2002) " Growth, and performance of the microfinance institutions in Africa, Asia and Latin America: a recent inventory", *Savings and Development*, 6(1), 87-111.
- Lapenu, C., Konini, Z. et Razakaharivelo, Ch. (2009) "Évaluation de la performance sociale : les enjeux d'une finance responsable", *Revue tiers Monde*, 1(197), 37-54.
- Lelart, M. (2005) "*De la finance informelle à la microfinance*", AUF et Éditions des archives contemporaines, Paris, 2005.
- Lelart, M. (2007) "Le père du microcrédit par le prix Nobel de la paix", *Revue d'Économie Politique*, Mars/Avril 2007, 2, 197-208.
- Ludovic, U. (2010) "Les véhicules d'investissement en microfinance et le défi de la performance sociale", *Mondes en développement*, 4(152), 69-92.
- Margolis, J. D. et Walsh J. P. (2003) "Misery loves companies: Rethinking Social Initiatives by Business", *Administrative Science Quaterly*, 48, 248-305.
- Martory, B., Delay, C. et Siguier, F. (2008) "*Piloter les performances RH : La création de valeur par les ressources humaines"*, édition Liaisons, 193 p.
- Mattingly, J.E. et Berman, S. L. (2006) "Measurement of Corporate Social Action: Discovering Taxonomy in Kinder

Lydenberg Domini Ratings Data", *Business and Society*, 45(1), 20–46.

- MBB (2011) "Defining responsible financial performance: understanding efficiency", Microfinance Information Exchange, 1 Mai 2011.
- Mersland, R. et R. Ø., Strøm (2010) "Microfinance mission drift? ", *World Development*, 38(1), 28-36.
- MMW (2009) "Benchmarking et analyse de la microfinance dans la région Arabe ", MIX avec la coopération de Sanabel et du CGAP, Mai 2010, 1-23.
- MMW (2010) "Analyse de la microfinance et rapport comparatif dans le monde arabe en 2010", *Rapport comparatif moyen Orient et Afrique du Nord*, Avril 2011.
- Montalieu, T. (2002), "Les institutions de microfinance : entre promesses et doutes Quelles pratiques bancaires pour quels effets ?", *Mondes en Développement*, 3(119), 21-32.
- Moore, G. (2001) "Corporate Social and financial performance: an investigation in the UK supermarket industry", *Journal of Business Ethics*, 34(3), Décembre, 299-315.
- Morduch, J. (1999a)"The Microfinance Promise", *Journal of Economic Literature*, December, XXXVII (4), 1569-1614.
- Morduch, J. (1999b) "The role of subsidy in microfinance: evidence from the Grameen Bank", *Journal of Development Economics*, 60, 229-248.
- Morduch, J. (2000) "The Microfinance Schisme ", *World Development*, 28(4), 617-629.
- Mosley, P. (1996) “Metamorphosis from NGO to Commercial Bank: The Case of Bancosol in Bolivia.”, dans "*Finance Against Poverty*", édité par David Hulme and Paul Mosley, 1–30, London Routledge.
- Navajas, S., Schreiner, M., Meyer, R., Gonzalez-Vega, C. et Rodriguez-Meza, J. (1998) "Microcredit and the poorest of the poor: theory and evidence from Bolivia", Department of Agricultural, Environmental, and Development Economics, Ohio State University, Columbus, OH.
- Ndiyae, F. (2009) "*Microfinance en Afrique de l’Ouest : quelle viabilité* ?", édition L’Harmattan, 416 p.

- Nghiem, H.S (2004) "Efficiency and Effectiveness of Microfinance in Vietnam: Evidence from NGO Schemes in north and Central Regions", CEPA, School of Economics, UQ, Australia.
- Nghiem, H., Coelli, T. et Rao, D. S. P. (2006) "The efficiency of microfinance in Vietnam: Evidence from NGO schemes in the north and the central regions", *International Journal of Environmental, Cultural, Economic and Social Sustainability*, 2(5), 71-78.
- Noël, Ch. et Ayayi, A. (2009) "L'autosuffisance des institutions de microfinance est-elle une nécessité? Contributions à un débat clef de l'économie financière", *Humanisme et Entreprise*, 2 (292), 65-75.
- Nsabimana, A. (2004) "Articulation entre les activités bancaires et microfinancières: une nouvelle sphère d'intermédiation ?", *Mondes en développement*, 2(126), 37-50.
- OCDE (1997) "Microfinance pour les pauvres", Séminaire du Centre de Développement de l'OCDE, Dirigé par Hartmut Shneider, Éditions OCDE, 17 janvier 1997, 221p.
- Omri,W. et Chkoundali, R.(2011) "The convergence between outreach and financial performance in Mediterranean MFIs: A panel data analysis", *Transition studies review, Mediterranean and Middle East Papers* , 18(1), 149-163.
- Orlitzky, M., Schmidt, F. et Rynes, E. (2003) "Corporate Social and Financial Performance: A Meta-Analysis", *Organization Studies*, 24 (3), 403-441.
- Paxton, J. (2003) "A poverty outreach index and its application to microfinance", *Economics Bulletin*, 9, 1–10.
- Paxton, J. et Cuevas, C. (2002) "Outreach and sustainability of member-based rural financial intermediaries", dans "*Triangle of Microfinance: Financial sustainability, Outreach and Impact*", The Johns Hopkins University Press.
- Perron, J-L. (2011) "Le développement de la microfinance : Etat des lieux et perspectives", *Variances*, la revue des anciens de l'ENSAE, Dossier : "La microfinance : Utopie d'un capitalisme solidaire", 40, 2011.

- Perterson, L. E., et O'BANNON, D. (1997) "the corporate social-financial performance relationship ", Business and Society, 36(4), 419-429.
- Pirotte, N. (1999) "microfinance : éléments introductifs", dans microfinance en Afrique de l'Ouest Actes du séminaire de Louga, juillet 1999, AQUADEV : Association sans but lucratif de solidarité internationale, 125 p.
- Pistelli, M., Anton, S., et Veronika, Th. (2011) "Survey of 405 MFIs Reporting to MIX 2009– 2010", *Microbanking Bulletin*, Washington, D.C.: MIX.
- PNUD (2009) "Rapport arabe sur le développement humain 2009 : Les défis de la sécurité humaine dans les pays arabes", PNUD, 2009, United Nations Publications, New York, 1-320.
- PNUD (2014) "Rapport arabe sur le développement humain 2009 : Pérenniser le progrès humain : réduire les vulnérabilités et renforcer la résilience", PNUD, 2009, United Nations Publications, New York, 1-236.
- Quayes, Sh. (2012) "Depth of outreach and financial sustainability of microfinance institutions", *Applied Economics*, 44(26), 3421–3433.
- René, G. (1986) "La théorie économique de l'information : exposé synthétique de la littérature", L'Actualité Économique, *Revue d'analyse économique*, 62(1), 88-109.
- Rhyne, E. (1998) "The yin and yang of microfinance: reaching the poor and sustainability", *Microbanking Bulletin*, July, 6-9.
- Robinson, M. (1997) "Introducing savings services in Microcredit institutions: When and How?", CGAP, *Focus Note*, 8, Washington DC.
- Rubio, F. et Zieglé, C. (2006) "Les ressources des ONG et leur contrôle", *Rapport Moral de l'argent dans le monde*, 2006.
- Sanabel (2012) "Impact of revolutions and uprisings on microfinance in the arab world: managing the crisis and planning for the future", *Workshop report*, Sanabel, Janvier 2012, 1-43.
- Saulquin, J. Y. et Schier, G. (2007) "Responsabilité sociale des entreprises et performance. Complémentarité ou

substituabilité ?", *La Revue des Sciences de Gestion*, 1(223), 57-65.

- Schreiner, M. (2001) "Seven aspects of loan size", *Journal of microfinance*, 3(2), 27-47.
- Schreiner, M. (2002) "Aspects of outreach: a framework for discussion of the social benefits of microfinance", *Journal of international development*, 14(5), 591-603.
- Schreiner, M. (2010)."Seven extremely simple poverty scorecards", *Enterprise Development and Microfinance*, 21(2), 118–136.
- SEEP Network (2005) "Mesurer la performance des institutions de microfinance : un cadre pour la publication, l'analyse et le suivi", www.seepnetwork.org
- Serrano-Cinca, C. et Gutiérrez-Nieto, B. (2014) "Microfinance the long tail and mission drift", *International Business Review*, 23, 181–194.
- Servet, J. M. (2006) " Banquiers aux pieds nus : la microfinance ", Odile Jacob, Paris.
- Sinha, F. et Amit B. (2005) "Can MFIs Achieve the Double Bottom Line?", M-CRIL, Technical Note 3, Micro-Credit Ratings International Limited, Gurgaon, India.
- Soulama, S. (2005) "Micro-finance, pauvreté et développement", éditions des archives contemporaines, Paris, France, 172p.
- Stewart, R., Van rooyen, C., Dickson, K, Majoro, M. et De Wet, T. (2010) "What is the impact of microfinance on poor people? A systematic review of evidence from Sub-saharan Africa", Technical Report, London: EPPI-Centre, Social Science Research Unit, University of London, 104 p.
- Stigliz, J. E., Weiss, A. (1981) "Credit rationing in markets with imperfect information", *The American Economic Review*, 71, 393-410.
- Ullmann, A. (1985)" Data in search of a theory: a critical examination of the relationship among Social Performance, Social Disclosure, and economic performance", *Academy of Management Review*, (10), 540-577.
- Vanroose, A. et D'Espallier, B. (2009) "Microfinance and financial sector development", Centre Emile Bernheim (CEB), *Working paper*, 09/040, septembre 2009.

- Vogel, D. J. (2005) "Is there a Market for Virtue? The Business Case for Corporate Social Responsibility", *California Management Review,* 47, 19-45.
- Waddock, S. A. et Graves, S. B. (1997) "The corporate social performance-financial performance link", *Strategic Management Journal*, 18(4), 303-319.
- Waterfield, Ch. et Duval, A. (1996) "CARE savings and credit Sourcebook", Care, 1996.
- Woller, G., Dunford, C. et Woodworth, W. (1999), "Where to microfinance", *International Journal of Economic Development*, 1, 29-64.
- Wright, Graham, A.N. et Mutesasira, L. (2001) "The relative risks to poor people's savings", *Journal of Small Enterprise Development*, 12(3), ITDG, London, UK, 2001.
- Wu, M.L. (2006) "Corporate Social Performance, Corporate Financial Performance and Firm Size: A Meta-Analysis », *Journal of American Academy of Business*, 8(1), p. 163–171.
- Yaron, J. (1992) "Assessing Development Finance Institutions: A public interest analysis", World Bank discussion Paper 147, Washington, D.C.
- Yaron, J. (1994) "What makes rural finance institutions successful?", *World Bank Research Observer,* 1994, 9(1), 49-70.
- Zeller, M., Lapenu, C., et Greeley, M. (2003) "Measuring social performance of micro-finance institutions: A proposal", Social performance indicators initiative (SPI) – final report, Argidius Foundation and Consultative Group to Assist the Poorest (CGAP).
- Zghal, R. (1998) "Gestion des entreprises: contextes et performances", Colloque organisé par l'Equipe de recherche en gestion des entreprises (ERGE) de la Faculté des sciences économiques et de gestion, Sfax: Centre de publication universitaire.

TABLE DES MATIÈRES

Revue « Marché et Organisations »

Le but de la revue est de promouvoir la recherche originale sur les relations de plus en plus étroites qui se tissent entre le marché et les organisations. Les acteurs économiques de taille, de puissance et de pouvoir différents dont les intérêts peuvent être convergents, complémentaires ou, le plus souvent, antagoniques, ont tendance à organiser les marchés. La raison du marché, pourtant, est la référence stratégique pour l'entreprise ainsi que pour les institutions publiques de décision économique.

Numéros parus :

N°1 : Artisanat. La modernité réinventée, 2006
N°2 : La petite entreprise, elle a tout d'une grande. De l'accompagnement aux choix stratégiques, 2006
N°3 : Tourisme et Innovation. La force créative des loisirs, 2007
N°4 : Le travail. Formes récentes et nouvelles questions, 2007
N°5 : Les universités et l'innovation. L'enseignement et la recherche dans l'économie des connaissances, 2007
N°6 : Entrepreneuriat et accompagnement. Outils, actions et paradigmes nouveaux, 2008
N°7 : Développement durable des territoires. Economie sociale, environnement et innovations, 2008
N°8 : Développement durable et responsabilité sociale des acteurs, 2009
N°9 : Gouvernance : exercices de pouvoir, 2009
N°10 : Le travail collaboratif. Une innovation générique, 2009
N°11 : Economie sociale et solidaire. Nouvelles trajectoires d'innovations, 2010
N°12 : Relations à la marque et marques de la relation. Regards croisés sur le management relationnel de la marque, 2010
N°13 : Les contrats au service de la recherche ?, 2011
N°14 : Le potentiel économique de l'Afrique subsaharienne, 2011
N°15 : Management de la distribution, 2012
N°16 : Territoire Vert. Entreprises, Institutions, Innovations, 2012
N°17 : Eco-conception, conception et innovation. Les nouveaux défis de l'entreprise, 2013
N°18 : Intelligence économique : entreprises et territoires, 2013
N°19 : La finance globale. Un monde fini, 2013
N°20 : La crise du « développement », 2014
N°21 : La Chine innove. Politiques publiques et stratégies d'entreprise, 2014
N°22 : Go East! Nouvelles Economies de Marché, 2015
N°23 : L'économie du changement, 2015
N°24 : Le temps des artisans. Permanences et mutations, 2015
N°25 : Innovations de proximité et esprit d'entreprise, 2016
N°26 : L'avenir des économies du Maghreb : entre inertie structurelle et envie de rupture, 2016/3 (n° 27)
N°27 : Le sport aux frontières du marché du travail, 2016
N°28 : Dynamiques internationales des entreprises, 2017
N°29 : L'univers du risque, 2017
N°30 : Les petites entreprises dans l'histoire industrielle, 2017
N°31 : Economie sociale et *social business* ? Au défi d'entreprendre et se financer, 2018
N°32 : Éducation et fertilisation des économies africaines, 2018
N°33 : L'entrepreneuriat innovant dans les pays du Maghreb, 2018
N°34 : L'entrepreneuriat scientifique : institutions et innovation, 2019
N°35 : Le champ économique de la culture, 2019
N°36 : Economie sociale et solidaire ? Modèles d'innovation et modes de gouvernance, 2019
N°37 : Rethinking Luxury Business, 2020
N°38 : La santé connectée. Nouvelles technologies et réorganisation des soins, 2020
N°39 : Options stratégiques et systèmes complexes d'innovation, 2020
N°40 : Les services : intégration des systèmes productifs et lien social, 2021
N°41 : Crise pandémique, crise globale. Réalité et controverses théoriques, 2021
N°42 : La crise de la covid-19. Le marché et les organisations en perspective, 2021
n°43 : (Re)faire système. *Bug & reset*, 2022

Collection « L'esprit économique »

fondée par Sophie Boutillier et Dimitri Uzunidis en 1996

Dernières parutions

► ***Série Economie et Innovation***
T. MICHAUD, *La réalité virtuelle : de la science-fiction à l'innovation*, 2018.
B. LAPERCHE, M. LIMA, E. SEULLIET, B. TROUSSE (dir.), *Les écosystèmes d'innovation. Regards croisés des acteurs clés*, 2019.
S. MONNERIE, *L'économie digitale révolutionne le monde. Innovation et total design*, 2019.
T. MICHAUD, *Le projet spatial européen, entre pragmatisme et imagination*, 2020.
J.-P. SCHMITT, N. RAVIDAT, *Management conjoint de la technologie et de la personne. Pour performer et croitre*, 2020.
Y. EL YAHYAOUI, *Economie des plateformes numériques. Captation de la valeur, pouvoir de marché et communs collaboratifs*, 2021.
► ***Série Le Monde en Question***
F. FAURE, *Empowerment et finance. La démocratie au service de l'investissement socialement responsable*, 2021.
A. SGHAIER, *La finance islamique. Aspects critiques de la finance conventionnelle*, 2021.
H. AGOURRAME, *La règlementation bancaire internationale. Genèse, évolution et impact sur le « business model » des banques*, 2021.
A. AMINE, C. GALLOUJ, *Consommateurs et pratiques de consommation au Maroc*, 2021.
T. MARINOVA, *Economie sociale et solidaire dans les pays des Balkans. Bulgarie, Roumanie, Serbie : quels enseignements ?*, 2021.
T. GARCENOT, *La finance contre le dérèglement climatique. Politiques monétaires et enjeux géopolitiques de la finance verte*, 2021.
A. VALLERAY, *Mondialisation mon amour. Avatars d'une utopie*, 2021.
► ***Série Krisis***
M. RAMEAUX, *Le tao de l'économie. Du bon usage de l'économie de marché*, 2020.
B. TONGLET, *Innovation et dynamique discontinue au bas Moyen Age. Pour une autre approche de l'histoire économique*, 2020.
J.-C. MOREL, *La nécessaire valorisation de la richesse ou intégrer le capital humain au bilan*, 2020.
V. LAURE VAN BAMBEKE, *La valeur du travail humain. Essai sur la refondation de l'expression monétaire de la valeur-travail*, 2021.
A. FONTAINE, *L'économie est l'opium du peuple. Une fausse science*, 2021.
A. RODRIGUEZ-HERRERA, Travail, valeur et prix. Reprise et clôture d'un débat centenaire (1885-1985) a la lumière des textes marxiens, 2021.
► **Série *Clichés***
S. BOUTILLIER, D. UZUNIDIS (dir.), *La Russie européenne. Du passé composé au futur antérieur*, 2008.
R. VOLPI, *La négociation. Pain, paix, liberté*, 2009.
► ***Série Cours Principaux***
O. ESNEU, *Le droit du transport routier de marchandises (TRM)*, 2018.
G. DUTHIL, *Economie publique et métamorphoses sociales*, 2019.
R. SANTENAC, *Le cycle des crises financières. Une étude approfondie des causes, des impacts et de la fréquence*, 2020.
B. LANDAIS, *Macroéconomie efficace. Croissance et crises*, 2020.
A. MBULI LANDU, *Le memo d'un comptable. Approche par le SYSCOHADA révisé*, 2021.
► ***Série L'économie formelle***
A. EL ALAOUI, *Modèle d'équilibre général calculable. Présentation théorique et application empirique*, 2020.
H. AMAAZOUL, *Responsabilité sociétale des entreprises et performance financière. Étude appliquée aux entreprises marocaines*, 2021.
M. BERTONECHE, *Chroniques économiques de notre temps*, 2021.
E. CARREY, H. LANDIER, *Après la guerre contre la Covid : de l'économie financière a l'entrepreneuriat social*, 2021.
J. LATREILLE, *Sale temps pour l'économie marchande*, 2021.

Structures éditoriales du groupe L'Harmattan

L'Harmattan Italie
Via degli Artisti, 15
10124 Torino
harmattan.italia@gmail.com

L'Harmattan Hongrie
Kossuth l. u. 14-16.
1053 Budapest
harmattan@harmattan.hu

L'Harmattan Sénégal
10 VDN en face Mermoz
BP 45034 Dakar-Fann
senharmattan@gmail.com

L'Harmattan Cameroun
TSINGA/FECAFOOT
BP 11486 Yaoundé
inkoukam@gmail.com

L'Harmattan Burkina Faso
Achille Somé – tengnule@hotmail.fr

L'Harmattan Guinée
Almamya, rue KA 028 OKB Agency
BP 3470 Conakry
harmattanguinee@yahoo.fr

L'Harmattan RDC
185, avenue Nyangwe
Commune de Lingwala – Kinshasa
matangilamusadila@yahoo.fr

L'Harmattan Congo
67, boulevard Denis-Sassou-N'Guesso
BP 2874 Brazzaville
harmattan.congo@yahoo.fr

L'Harmattan Mali
ACI 2000 - Immeuble Mgr Jean Marie Cisse
Bureau 10
BP 145 Bamako-Mali
mali@harmattan.fr

L'Harmattan Togo
Djidjole – Lomé
Maison Amela
face EPP BATOME
ddamela@aol.com

L'Harmattan Côte d'Ivoire
Résidence Karl – Cité des Arts
Abidjan-Cocody
03 BP 1588 Abidjan
espace_harmattan.ci@hotmail.fr

Nos librairies en France

Librairie internationale
16, rue des Écoles
75005 Paris
librairie.internationale@harmattan.fr
01 40 46 79 11
www.librairieharmattan.com

Librairie des savoirs
21, rue des Écoles
75005 Paris
librairie.sh@harmattan.fr
01 46 34 13 71
www.librairieharmattansh.com

Librairie Le Lucernaire
53, rue Notre-Dame-des-Champs
75006 Paris
librairie@lucernaire.fr
01 42 22 67 13

www.ingramcontent.com/pod-product-compliance
Lightning Source LLC
LaVergne TN
LVHW021226061026
849535LV00008B/2939